Colonialisme

DANY LAFERRIÈRE
à
l'Académie française

Hector ~~Hector~~ Biansiotti Bianciotti

Simon Bolivar
en Haïti

L'académie ~~française~~

fauteuil ~~numéro~~ deux
Jorge Luis
Borges ?

DU MÊME AUTEUR

Comment faire l'amour avec un nègre sans se fatiguer, VLB, 1985; Typo, 2002, 2010.

Éroshima, VLB, 1991; Typo, 1998.

L'Odeur du café, VLB, 1991; Guy Saint-Jean, 2010.

Le Goût des jeunes filles, VLB, 1992, 2004; Grasset, 2005; Gallimard, 2007.

Cette grenade dans la main du jeune nègre est-elle une arme ou un fruit?, VLB, 1993, 2002; Le Serpent à plumes, 2002, 2003.

Chroniques de la dérive douce, VLB, 1994; Boréal/Grasset, 2012.

Pays sans chapeau, Lanctôt, 1996; Boréal, coll. « Boréal compact », 2006.

La Chair du maître, Lanctôt, 1997; Le Serpent à plumes, 2000.

Le Charme des après-midi sans fin, Lanctôt, 1997, 2004; Boréal, coll. « Boréal compact », 2010.

Le Cri des oiseaux fous, Lanctôt/Le Serpent à plumes/Club Québec loisirs, 2000; Boréal, coll. « Boréal compact », 2010.

J'écris comme je vis. Entretien avec Bernard Magnier, Lanctôt/La Passe du vent, 2000; Boréal, coll. « Boréal compact », 2010.

Je suis fatigué, Initiales, 2000; Typo, 2005.

Comment conquérir l'Amérique en une nuit, Lanctôt, 2004; Boréal, coll. « Boréal compact », 2010.

Les Années 80 dans ma vieille Ford, Mémoire d'encrier, 2005.

Vers le sud, Boréal/Grasset, 2006; Librairie générale française, 2012.

Je suis fou de Vava, La Bagnole, 2006.

Je suis un écrivain japonais, Boréal/Grasset, 2008; Boréal, coll. « Boréal compact », 2009.

La Fête des morts, La Bagnole, 2009.

L'Énigme du retour, Boréal/Grasset, 2009; Boréal, coll. « Boréal compact », 2010; Librairie générale française, 2010.

Tout bouge autour de moi, Mémoire d'encrier, 2005, 2010, 2011; Grasset, 2011; Librairie générale française, 2012.

Un art de vivre par temps de catastrophe, Centre de littérature canadienne, University of Alberta Press, 2010.

L'Art presque perdu de ne rien faire, Boréal, 2011; coll. « Boréal compact », 2013.

Journal d'un écrivain en pyjama, Mémoire d'encrier/Grasset, 2013.

Le Baiser mauve de Vava, La Bagnole, 2013.

Dany Laferrière
à
l'Académie française

•

Discours
de réception

Réponse d'Amin Maalouf

Boréal

© Les Éditions du Boréal 2015
Dépôt légal : 2ᵉ trimestre 2015
Bibliothèque et Archives nationales du Québec

Diffusion au Canada : Dimedia

Catalogage avant publication de Bibliothèque et Archives nationales du Québec et de Bibliothèque et Archives Canada

Laferrière, Dany

    Dany Laferrière à l'Académie française : discours de réception

    ISBN 978-2-7646-2405-0

    1. Bianciotti, Hector, 1930-2012 - Appréciation. 2. Laferrière, Dany - Appréciation. I. Maalouf, Amin. II. Académie française. III. Titre.

PQ7798.12.I23Z7   2015   843'.914   C2015-941205-6

La réception de Dany Laferrière au fauteuil numéro 2 de l'Académie française a donné lieu à un certain nombre de discours rassemblés, pour la plupart, dans cet opuscule.

Au cours d'une cérémonie à l'hôtel de ville de Paris, le 26 mai 2015, Jean d'Ormesson a chaleureusement salué Dany Laferrière et lui a remis son épée d'académicien. Celui-ci a remercié le doyen de l'Académie en évoquant leur amitié (« Un coup de foudre »), puis a prononcé un premier discours.

Le 28 mai, à quinze heures, a eu lieu la réception officielle sous la Coupole. De nombreux académiciens étaient présents, ainsi que des politiques, dont François Hollande, président de la République française, et Philippe Couillard, premier ministre du Québec, de même que plusieurs ministres. Des proches et des amis venus de tous les horizons (France, Haïti, Québec, Belgique, Sénégal, Congo) étaient réunis dans ce lieu magnifique.

Comme le veut la coutume, Dany Laferrière a fait l'éloge de son prédécesseur, l'écrivain franco-

argentin Hector Bianciotti. Puis Amin Maalouf, écrivain franco-libanais et académicien, a pris la parole pour brosser le portrait de Dany Laferrière et rappeler son parcours exceptionnel.

Un coup de foudre

J'ai connu Jean d'Ormesson bien avant de le rencontrer. Son visage, à l'époque, au début des années 1980, se baladait sur les écrans. Sa voix âpre et ses yeux à la Michèle Morgan nous figeaient sur le canapé. Nous étions sous le charme avant même de savoir de quoi il s'agissait. C'était souvent de littérature, parfois de politique, toujours de femmes. Ce cocktail me plaisait. On songe à Diderot dans *Le Neveu de Rameau*. Il aurait pu être hautain, il était le plus chaleureux des hommes. Je ne pensais jamais le rencontrer. Les années passant, ma chance s'amenuisait. Les livres s'accumulaient, un peu de mon côté, beaucoup du sien. Brusquement, la pile était devant moi. Surgit un livre, *L'Énigme du retour*, que le prix Médicis couronne. Je ne sais pas quand il m'a remarqué pour la première fois. Peut-être sur un plateau de télévision, chez Drucker – nous étions les invités de Frédéric Mitterrand. En quittant le studio, il m'a dit son intérêt de me revoir. Je croyais qu'un tel comportement était automatique chez un homme aussi courtois. Je ne l'ai pas appelé, craignant de le déranger. Un jour, j'ai reçu une lettre de lui. Et c'était signé Jean d'O. J'ai répondu. Une nouvelle lettre et déjà il me tutoyait. Un nouveau livre : *Journal d'un écrivain en pyjama*. Il se voyait dans ce narrateur indolent, lui qui était si sollicité et qui n'arrivait pas à dire non. Lui qui a toujours rêvé d'une vie d'écriture et de lecture. Il m'a lancé son admiration par-delà l'océan. J'étais déjà conquis. Un nouveau livre : *L'Art presque perdu de ne rien faire.* Le voilà carbonisé par la foudre de l'amitié. Il était à bout de souffle, car il avait accéléré son rythme de production, et le succès ne fléchissait pas. Un jour, il croise Hélène Carrère d'Encausse, le secrétaire perpétuel de l'Académie française, qui cherche un successeur à Bianciotti. C'est pour Laferrière, dit-il. Elle m'avait déjà repéré. Il se met à chanter mon nom dans tout Paris, comme font les amoureux. N'osant pas ajouter un cadenas au pont des Arts, sous la fenêtre d'Hélène, qui militait déjà contre ce contresens de représenter l'amour par un cadenas. C'est bien d'amour qu'il s'agissait, ce mardi 26 mai 2015 dans les salons de la mairie de Paris, au moment de me remettre mon épée d'académicien. Une épée fabriquée en Haïti par le sculpteur Patrick Vilaire. Oh, il a fait un discours étourdissant d'érudition, plus léger qu'une feuille que le vent emporte. Aucune trace écrite. Avec la désinvolture d'un dandy qui vient d'entrer vivant dans la Pléiade et de sortir debout d'un séjour à l'hôpital. Il était ce soir-là, de l'avis de tout le monde, l'être le plus gracieux de Paris. Et c'est mon ami.

Discours de l'épée

Il y a une personne qui n'est pas présente ici, et c'est ma mère. Je l'imagine assise près du massif de lauriers roses, le regard tourné vers les montagnes chauves qui entourent Port-au-Prince. À quoi pense-t-elle ? Je ne saurais le dire. Ces dernières années furent terribles : elle a perdu trois de ses sœurs et son jeune frère. Son mari est mort en exil et son fils vit à l'étranger depuis près de quarante ans. Pourtant, c'est une femme très courageuse et incroyablement drôle, mais dans la plus stricte intimité. En public, elle ne dit pas un mot. Son oreille capte tout. Son œil voit tout. Je n'ai qu'à lui parler au téléphone pour me retrouver au cœur de la vie quotidienne du pays. Elle me raconte alors qu'elle n'a rien trouvé au marché le matin même, que la marmite de riz est à un prix exorbitant et que les produits de base – l'huile, le sel et le sucre – ont été raflés par des gens qui achetaient en gros, pour que je sente qu'on est à la veille d'une explosion sociale. D'autres fois, elle me décrit, avec des rires étouffés, la vie des gens du voisinage, ce qui me fait croire que le pays connaît un répit. Elle ressent, comme un sismographe, ces vibrations qui annoncent parfois une accélération de la vie politique. Comme une carte de mémoire, sa peau conserve les traces des décennies noires de la dictature. Des sensations et des émotions sont stockées sous forme de cristaux de douleur dans les replis de son corps. Sachant que mon père était un militant politique et qu'il pourrait facilement être emprisonné ou exilé, elle pensait déjà à la période de disette émotionnelle possible, ignorant tout de même que cette famine sentimentale allait durer en fait jusqu'à la mort de mon père.

En la voyant assise dans la pénombre, les yeux brillants d'une sauvage intensité, je me suis demandé si elle n'avait pas vécu le drame de l'exil sans l'avoir connu. Quand on arrive en exil, on doit surmonter chaque jour de nouveaux obstacles et apprendre rapidement de nouveaux codes. Tout est différent : les saisons, les habitudes alimentaires, le rythme de travail, les rapports amoureux. On a vite l'impression de se retrouver au milieu d'un film dont on ne connaît ni le sujet ni le réalisateur, ni les personnages qui s'agitent autour de nous. On va de surprise en surprise, comme dans un rêve, et c'est ce que devrait être la vie. Alors que celui qui reste au pays ne peut que tourner en rond dans un espace clos où chaque objet, chaque odeur, chaque saveur lui rappellent l'absent. Ce qui m'a amené à penser que l'exilé est beaucoup plus celui qui reste que celui qui part.

Ma mère, du temps si bref que mon père était maire de Port-au-Prince, travaillait comme archiviste. C'était une femme qui lisait beaucoup, surtout le magazine *Historia*, qu'elle trouvait chez les vendeurs de la place de la Cathédrale. Elle privilégiait les articles signés par des membres de l'Académie française. Elle était toujours impressionnée par leur style fluide, qui contrastait avec les phrases alambiquées qu'elle lisait dans nos journaux locaux. Elle s'étonnait de comprendre si aisément quelqu'un qu'elle ne connaissait pas, qui parlait de choses qu'elle ignorait, alors qu'elle n'arrivait pas à comprendre des gens de son pays qui pourtant s'exprimaient sur des sujets qu'elle connaissait parfaitement, puisqu'il s'agissait de sa vie. Heureusement que nos grands écrivains, comme Jacques Roumain, Jacques Stéphen Alexis ou Marie Chauvet, la bouleversaient et là, son sentiment nationaliste la reprenait et elle affirmait, de manière péremptoire, ce qui n'est pas du tout son genre, qu'il n'y a qu'en Haïti qu'on écrive un français aussi riche et nuancé. Elle m'a tellement bassiné les oreilles avec cette question d'écrire avec simplicité que je suis allé proposer au journal *Le Nouvelliste* de brefs portraits de peintres primitifs, comme Hector Hyppolite et Jasmin Joseph, ou modernes, comme Jean-René Jérôme et Bernard Séjourné. Lucien Montas, qui dirigeait le prestigieux quotidien, a tout de suite accepté mes « papiers ». Leur première qualité, c'est d'être bref, m'a-t-il dit, tout en se désolant d'avoir à caser dans son journal des articles interminables sur le vaudou, la paysannerie ou les violentes polémiques qui opposent les partisans du créole à ceux du français, et vice versa. Ces gens, a-t-il conclu, désabusé, continuent à écrire alors que le lecteur a déjà fui le journal. Aujourd'hui, c'est Frantz Duval qui occupe le fauteuil à la place de

Lucien Montas, que j'imagine quelque part dans un univers parallèle en train de fumer un gros cigare avec son air de sphinx. C'est à Duval de couper les longs articles sur des sujets intemporels comme le vaudou, la paysannerie et les polémiques sur la langue. Ces textes dorment longtemps dans les tiroirs avant d'être casés un jour tranquille. Mais la liberté d'expression est si différente aujourd'hui par rapport à l'époque de la dictature qu'il y a de moins en moins d'espaces vides pour ces longs articles si prisés en province, où les après-midi sont sans fin.

Est-ce pourquoi je suis allé voir ma mère dès que j'ai su que j'étais élu à l'Académie française ? Elle avait su imposer chez moi son rêve d'un « style fluide ». Une manière qui a certaines difficultés à pénétrer la sensibilité haïtienne, car je me souviens de ce jeune homme qui m'a dit, à Port-au-Prince, que je ne saurais être un écrivain à ses yeux pour la simple raison qu'il comprenait trop bien ce que je voulais dire. J'ai trouvé ma sœur en train de converser dans la salle à manger avec ma mère. Elle n'arrivait pas à faire comprendre à celle-ci ce que la radio annonçait toutes les cinq minutes depuis une heure : son fils était devenu un immortel. J'ai tout raconté à ma mère assise les mains entre les jambes, dans la pénombre, tandis que ma sœur continuait à préparer le repas. Je lui ai parlé de la très brève lettre écrite au secrétaire perpétuel de l'Académie française, madame Hélène Carrère d'Encausse, pour lui dire que j'espérais remplacer Hector Bianciotti au fauteuil numéro 2, des nombreuses lettres envoyées aux membres de l'Académie pour leur proposer de passer le reste de mes jours en leur compagnie, et du goût que j'aurais à faire mieux connaître le Québec et Haïti au sein de l'institution. Finalement, ma mère a compris que j'étais devenu un collègue d'Hugo, de Voltaire, de Montesquieu ou de Dumas, elle m'a alors regardé droit dans les yeux avant de s'exclamer : « Grosse affaire ! » Elle l'a répété à plusieurs reprises durant l'heure que nous avons passée ensemble. C'était la première fois qu'elle me faisait un compliment de manière si directe. Quand j'avais reçu le prix Médicis, elle avait préféré évoquer Catherine de Médicis, un personnage qu'elle avait découvert dans *Historia* et qui l'avait fascinée.

Après la visite à ma mère, j'ai voulu dès le lendemain me rendre à Petit-Goâve. C'est une route d'une heure et demie aujourd'hui, mais dans mon enfance il fallait six à huit heures pour la parcourir. On passe par Gressier, Léogâne, Grand-Goâve, le terrible Morne Tapion, puis voilà Petit-Goâve, tout indolent le long d'une mer turquoise et chaude. C'est là que j'ai passé mon enfance, dans la maison de la rue Lamarre, entouré de ma grand-mère et de quelques-unes de mes tantes. Ma mère et mes autres tantes étaient restées à Port-au-Prince. Je revois ma grand-mère assise sur la galerie avec une cafetière à ses pieds. Elle offre du café aux passants tandis que j'observe les fourmis qui circulent entre les briques jaunes. Je n'arrivais pas à faire la différence entre les gens dans la rue et les fourmis sous mes yeux, chacun vaquant à ses occupations.

Quand il pleut, les gens se réfugient sous le porche de la maison d'en face, et se déplacent au fur et à mesure que la pluie prend de la vigueur. Je sais d'expérience qu'on ne risque pas d'être mouillé au-delà de la trente-sixième rangée de briques. Je le sais parce que les enfants comme moi, toujours fiévreux, finissent par se perdre dans le paysage à vouloir tout ressentir – « Tout m'avale », dira Réjean Ducharme. Ma grand-mère offre du café aux gens qui passent, et en échange ils lui confient leurs petites tracasseries. C'est là que j'ai appris ce métier dont le pivot est l'observation. Après avoir bu le café, les gens parlaient de moi en évitant de me regarder. Ce sont les mêmes qui se sont retrouvés trente ans plus tard dans mes romans. L'impression que la galerie était suspendue dans l'espace, comme un tapis volant, et que la cafetière était devenue une lampe magique d'où sortait le génie de l'écriture. C'est dans ce café, couleur d'encre, que je continue à tremper ma plume. Le café des Palmes, le meilleur du monde selon ma grand-mère. C'est durant la saison ensoleillée de l'enfance que j'ai voulu raconter des histoires en faisant de ma grand-mère, de ma mère et de mes tantes des personnages de fiction. Pour moi, la vie de ces femmes méritait d'être contée, et je voulais être ce poète qui révèle leur intimité. J'espérais aussi faire du 88 de la rue Lamarre, à Petit-Goâve, une adresse universelle de l'amour et du bonheur insouciant. Pourtant, on était sous la terrible dictature de Papa Doc. J'ai compris des années plus tard que si mon enfance fut si heureuse, malgré cette terreur, c'est simplement parce que ces femmes m'ont placé au centre d'un cercle protecteur d'où je ne suis jamais sorti, et cela même après la mort de certaines d'entre elles. À ceux qui m'ont souvent entendu raconter ces histoires, je dirai pour ma défense qu'on ne peut parler du ventre que de deux ou trois histoires dans sa vie. Pour moi, c'est l'enfance à Petit-Goâve, l'adolescence à Port-au-Prince et les années d'usine et d'écriture à Montréal. J'ai l'impression d'être un imposteur chaque fois que je tente de raconter autre chose. Me revoilà à Petit-Goâve visitant la vieille maison familiale lorsque brusquement a surgi une petite foule déjà au courant de mon élection à l'Académie française. De vieux amis me congratulaient quand un garçon de douze ans a commencé à décliner les noms de tous ceux qui m'ont précédé au fauteuil numéro 2. Au début je pensais qu'il récitait un poème, ne connaissant pas encore tous mes collègues du 2. Valentin Conrart, Toussaint Rose, Louis de Sacy, Montesquieu, Jean-Baptiste Vivien de Châteaubrun… C'est à Montesquieu que j'ai compris ce qui se passait. J'ai écouté toute la liste jusqu'à la fin : « Et Dany Laferrière de Petit-Goâve. » Il m'a expliqué plus tard que, sans savoir que j'allais venir, son père lui avait fait apprendre cette liste dès que la nouvelle était tombée. C'est à ce moment-là que j'ai compris que j'étais académicien.

De retour à Port-au-Prince, où j'ai rendez-vous avec de vieux amis (Michèle Pierre-Louis, Lorraine Mangonès et Rodney Saint-Éloi), nous évoquons la force symbolique de l'épée quand l'un d'entre nous fait remarquer, avec un peu d'ironie, que c'est Haïti qui doit m'armer et non la France. Pour réfléchir à cette proposition, je suis allé à la fenêtre. En bas, des jeunes gens, qui fréquentent le centre culturel où nous étions, commentent avec fièvre la situation explosive du jour, bien trop répétitive pour permettre une vie régulière. La liberté de ton de ces étudiants me fascine toujours, mais je suis encore plus sensible à cette langueur corporelle qui semble s'opposer à la fièvre verbale qui les anime. C'est pour rester solidaire de ces jeunes gens que j'ai pris la décision de faire fabriquer l'épée en Haïti. Et mon choix s'est porté sur Patrick Vilaire, un sculpteur mais aussi un homme passionné par les idées sociales. Obsédé par le problème de l'eau dans les bidonvilles, Vilaire ajoute le projet d'y construire un village de pêcheurs. C'est un homme aux humeurs changeantes, qui passe sans transition de l'ombre à la lumière, ce qui est un reflet de son œuvre. Bon signe : il porte le nom d'un des rares poètes à avoir reçu une palme de l'Académie française : Etzer Vilaire, en 1912, pour *Les Nouveaux Poèmes*. Deux mois après notre première rencontre, Patrick Vilaire me fait part d'un problème : on n'a pas de forge en Haïti capable d'effectuer un tel travail. Il pensait faire incruster des pierres précieuses dans le pommeau de l'épée, mais il doit admettre que de tels moyens techniques nous manquent. Je ne veux pas de pierres précieuses, Patrick, tout ce que je désire c'est une belle épée faite en Haïti, et pour ça on utilisera les moyens du bord. Après un moment, Vilaire me lance, en souriant cette fois, qu'à part le talent nous n'avons pas grand-chose en Haïti. Alors on fera avec le talent, je réponds. Dans ce cas ton épée est prête, fait-il en sortant d'un carton ses dessins. Pour lui, l'épée d'académicien n'est pas une arme mais une plume. En effet, il a dessiné une épée qui se termine comme une de ces plumes qu'on utilisait dans mon enfance. Il a pris la peine de placer à la pointe de l'épée une minuscule bulle d'encre. L'image est si simple et évidente que les larmes me sont montées aux yeux. Il faudra d'une manière ou d'une autre rappeler Legba, ce dieu du panthéon vaudou qu'on invoque au début des cérémonies afin qu'il permette aux « esprits » de pénétrer dans l'enceinte sacrée. Son poste à la frontière des deux mondes, le visible et l'invisible, en fait le dieu des écrivains. Visiblement, Vilaire ignorait mon intérêt pour cet univers auquel on tient encore, caché derrière un voile pudique, dans certains quartiers huppés. Cet univers de signes, de chants et de danses, demeure le chemin secret qui mène aux plus profondes racines du pays. C'est un langage. Pour y avoir accès, il faut savoir rester trois jours sous les eaux et pouvoir tenir le feu dans ses mains. Les grands peintres primitifs comme Hector Hyppolite et Robert Saint-Brice vivaient et créaient dans un tel climat. C'est ce qui a tant impressionné Breton en 1946 et Malraux, plus tard en 1975, lors de leur visite respective en Haïti. Malraux avait découvert, par des photos que le peintre Tiga lui avait envoyées, un petit cimetière peint par des paysans de Soisson-la-Montagne. Il désirait faire le voyage, épuisant pour un homme à bout de force, afin de rencontrer ces gens capables de montrer la mort sous des couleurs si sereines. L'auteur du *Miroir des limbes* avait déjà à ce moment-là un pied au Pays sans chapeau, c'est-à-dire dans l'au-delà, ce pays où l'on ne porte pas de chapeau. Malraux, vite accepté par ces peintres dont certains ne connaissaient que l'alphabet des couleurs, leur parlait par signes et mimiques. C'est un chaman, me souffla Tiga. Il me semble qu'un écrivain peut reconnaître la force symbolique d'un univers ésotérique sans pourtant être nationaliste ou mystique – c'est mon cas. Repérer la présence des dieux dans la vie quotidienne des hommes, les Grecs comme les Romains l'ont fait. Pourquoi pas Haïti, ce pays où l'on croise les dieux au coin de la rue ? J'ai déjà vu Ogoun, le dieu du feu, au volant d'un taxi cabossé, et Erzulie aux yeux rouges, échangeant un baiser mortel avec un jeune homme. Vilaire a souri, il m'avait compris. Mon épée ne sera pas habitée par la fureur d'Ogou ni la passion d'Erzulie ou le sens trop pratique de Zaka, le dieu des paysans, mais par l'esprit vif de Legba, ce dieu capable d'ouvrir toutes les barrières, même celles de l'Académie française.

Ayant virtuellement mon épée, j'arrive à Montréal et entre tout de suite en contact avec Jean-Claude Poitras pour l'habit vert. Pourquoi sa confection à Montréal ? La première chose que j'ai apprise en arrivant dans cette ville, c'est l'importance de la peau et son rapport immédiat avec la météo. Bon, la température ne fut pas mon premier choc. Je me souviens de mon étonnement en voyant ce couple en train de s'embrasser dans la rue. Un baiser interminable, et j'ai failli appeler les pompiers. Du jamais-vu en Haïti, ce pays où, sous Papa Doc, frôler des lèvres de ses lèvres était plus scandaleux qu'abattre quelqu'un en pleine rue. Aujourd'hui, voir un couple s'embrasser en public ne me fait plus ni chaud ni froid. C'est qu'entre-temps je suis devenu un parfait Québécois. Je l'ai su à Miami un jour de grande canicule où je me suis mis à rêver d'une température d'au moins -30 degrés pour rétablir l'équilibre intime de mon corps. L'impression qu'un glaçon s'était infiltré, à mon insu, dans mon ADN. Je suis arrivé à Montréal durant l'été chaud des Jeux olympiques de 1976. L'été, on se déshabille presque complètement ; l'automne, on s'habille ; le printemps, on s'habille, se déshabille et se rhabille parfois dans la même heure ; et l'hiver, on s'emmitoufle. L'obsession du vêtement. Cette ville possède une longue expérience en matière de protection de la peau. L'équation était simple : si Port-au-Prince doit m'armer, c'est à Montréal de m'habiller. Et Jean-Claude Poitras n'est pas seulement le plus connu des couturiers québécois, il est aussi le plus courtois. L'Académie privilégie en toutes circonstances la courtoisie. J'espérais un couturier en qui les Québécois se reconnaissent, car je voulais associer à cette cérémonie si importante à mes yeux ces deux sociétés qui m'ont structuré à la même échelle. Pour qu'on sache à Paris que je suis un être en trois morceaux. Vingt-trois années en Haïti, des années qui ont fondé ma sensibilité, près de vingt-sept années qui ont activé ma capacité créative à Montréal, et douze ans à Miami à écrire *L'Autobiographie américaine*. Mais les douze années passées à Miami, où je n'ai fait qu'écrire, sont encore des années montréalaises puisque je prenais l'avion dès que je terminais un roman, pour le présenter à mes premiers lecteurs au Québec. Comme je ne cesse de le dire : si je suis né en Haïti, je suis né écrivain au Québec. J'ai appris durant un an et demi, du 12 décembre 2013 au 28 mai 2015, qu'un habit d'académicien ne se fait pas en criant ciseaux. Si Jean-Claude Poitras était le couturier rêvé, il nous fallait un tailleur et une brodeuse. Pas simple. Poitras a parfois été au désespoir de ne pas trouver un tailleur qui connaisse assez le métier pour réaliser un tel habit et une brodeuse qui soit capable de travailler près de cinq cents heures sur le même costume. Le tailleur, c'est Marc Patrick Chevalier, un jeune homme discret et efficace qui a commencé l'affaire avec une légère suspicion pour s'y plonger ensuite avec passion. La brodeuse, Jeanne Bellavance, a des yeux ronds et vifs et des mains sûres. Je l'ai observée dans son atelier. Et tout le monde s'est mis au travail sous le regard prévenant mais ferme de Jean-Mathieu Pasqualini, dont le poste de chef de cabinet du secrétaire perpétuel de l'Académie française l'oblige à couvrir un espace vaste et indéterminé. La lecture du *Dit du Genji* de Murasaki Shikibu que je faisais à ce moment-là m'a permis de comprendre cette étrange fonction qui s'enracine autant dans le rêve que dans la réalité tout en exigeant de son occupant un doigté d'artificier et une grande capacité à rassurer des esprits inquiets, pour la simple raison qu'on s'avance sur le terrain miné de l'étiquette, où à chaque pas on craint de poser le pied sur une petite bombe sociale. Mais Jean-Claude Poitras, soutenu par l'inlassable Danielle Sauvage, s'était juré que ce costume d'académicien se ferait à Montréal.

Pour compléter ce parcours, il me reste à déterminer la place de Paris dans mon travail d'écrivain. Belfond est le premier éditeur français que j'ai rencontré. Un jour de l'année 1988, de passage à Paris, j'ai appelé Pierre Belfond, sur un coup de tête. « Pourrais-je parler à Pierre ? » « Qui ? » me demande la secrétaire. « Pierre Belfond. » « Vous le connaissez ? » « Non. » « Donc vous voulez dire monsieur Belfond ? » « Je suis communiste, madame, et comme je ne peux pas l'appeler camarade, ne sachant pas s'il a sa carte au parti... » « Attendez un moment. » Belfond, que mon audace a fait rire, est venu au téléphone, m'a invité à le voir et a publié mon premier roman. Puis, j'ai abordé Pierre Astier, mais d'une manière différente. Son humour est si discret que je ne l'ai pas encore découvert après quinze ans et sept livres ensemble. Mais son léger sourire me dit qu'il doit bien s'amuser tout seul chez lui. Ce n'est que bien tard que j'ai entendu ce rire sonore et éclatant qui le caractérise aujourd'hui à mes yeux. Enfin, j'ai rencontré Charles Dantzig à Dublin, où je devais parler de Joyce même si je n'avais jamais pu dépasser la page 30 d'*Ulysse*. J'ai évoqué à ce colloque mon incapacité à lire Joyce, ce qui a amusé Dantzig. Quelques semaines plus tard, il m'a appelé à

Montréal. Je l'ai tout de suite averti que j'avais arrêté d'écrire. On n'a qu'à lire les titres de mes livres pour connaître mon état d'esprit. Je venais de publier *Je suis fatigué*. Il a ressorti deux titres anciens, puis a patienté comme un vieux pêcheur qui jette le filet et attend. Et le chant est revenu. Mais tous mes livres publiés en France l'ont été d'abord ou en même temps au Québec. Montréal n'est pas à mes yeux une succursale intellectuelle de Paris, mais un lieu d'incubation. Mon aventure éditoriale québécoise débute avec le fougueux Jacques Lanctôt, qui, enragé de voir les critiques tarder à me considérer comme le Henry Miller québécois, envisageait de leur passer dessus avec sa voiture, et se poursuit avec Pascal Assathiany, qui me demande, quand je lui remets un manuscrit, des nouvelles du prochain livre. Et cela malgré le fait que je lui envoie, par mes titres, des messages subliminaux de plus en plus évidents : *L'Art presque perdu de ne rien faire, Journal d'un écrivain en pyjama*… Il fait la sourde oreille et m'emmène, chaque fois, dans un restaurant de poissons (encore cette métaphore de la pêche) où, sur un coin de table, on a échafaudé un midi le fameux plan qui me fera passer d'écrivain connu à écrivain lu. Voici Rodney Saint-Éloi. Nous venons tous deux de la province d'Haïti, lui de Cavaillon, moi de Petit-Goâve, et nous avons commencé notre carrière, à dix ans d'intervalle, dans le journalisme à Port-au-Prince. Quand il a émigré à Montréal, il m'a téléphoné pour savoir comment s'y prendre, et je lui ai conseillé de continuer à faire ce qu'il faisait en Haïti : écrire et éditer. Nous nous sommes retrouvés à Port-au-Prince au moment du tremblement de terre, côte à côte, sur le sol qui bougeait. Et trois ans plus tard, il a été le premier à pénétrer dans ma chambre d'hôtel, à Port-au-Prince, quand j'ai appris mon élection à l'Académie française.

Je pratique une esthétique que je qualifierais d'esthétique de la roue, de la roue qui tourne sur elle-même pour avancer. Je ne laisse derrière moi, à l'abandon, aucun souvenir, aucune sensation. Ce qui fait que je conjugue mes émotions toujours au présent de l'indicatif. Un présent de l'indicatif si brûlant que ma vie ne me semble aujourd'hui qu'une longue enfance. Je veux garder l'appétit et l'émerveillement de l'enfant qui porte tout à sa bouche : une fleur, une fourmi, un couteau – oh, le hurlement de ma mère. Je me revois courant nu sous la pluie, le visage mitraillé par des myriades d'aiguilles liquides. La sensation de faire partie du paysage autant qu'un arbre ou un oiseau. Puis, la fin officielle de l'enfance quand les miliciens sont entrés dans Petit-Goâve, bousculant les habitudes d'une petite ville assoupie, et le voyage à Port-au-Prince pour retrouver ma mère et me fondre dans la grande ville. Port-au-Prince, qui sent la gazoline, est traversée par une urgence de vivre inconnue du jeune provincial. Port-au-Prince que j'ai mis du temps à aimer. Jusqu'à l'arrivée de ces jeunes filles en face de chez moi, dans cette maison entourée d'hibiscus, surtout fréquentée par des hommes armés le jour et des musiciens le soir. De ma fenêtre, j'observais ces jeunes filles en bikini toujours gorgées de rires. L'impression qu'une nouvelle vie était de l'autre côté de la rue. Elles s'appelaient Marie-Erna, Choupette, Pasqualine, Marie-Flore et Marie-Michèle. Un collier de noms que je rêvais de passer autour de mon cou. Des hirondelles qui annonçaient un printemps que Papa Doc retardait à dessein. Le désir est toujours subversif, et je n'ai pas tardé à désobéir à ma mère, qui m'interdisait d'inclure ces filles même dans mes rêves, et à affronter, toujours dans mes rêves, les hommes du pouvoir qui les invitaient à la plage dans de longues voitures chromées. Puis Papa Doc meurt et son fils Baby Doc le remplace mollement. Les années 1970 démarrent pourtant sur les chapeaux de roue. Je me suis engagé dans la presse indépendante, dirigée par Fardin, de l'hebdomadaire *Le Petit Samedi Soir,* Jean Dominique, de Radio Haïti-Inter, et l'éditorialiste Marc Garcia, dit Marcus. Des intellectuels aux mains nues pour s'opposer à ce régime de fer. Nous étions un petit groupe de journalistes qui s'étaient rencontrés au Conservatoire d'art dramatique ou simplement dans les bordels de Martissant. Mes camarades avaient, comme moi, moins de vingt ans et se nommaient Jean-Robert Hérard, Carl-Henri Guiteau, Pierre Citandre et Gasner Raymond, dont la mort dans des conditions effroyables allait me pousser à l'exil. Me voilà traversant la ville toute une nuit, la veille de mon départ précipité, parce qu'un colonel avait averti ma mère que j'étais le prochain sur la liste noire. La plus longue nuit de ma vie quand on sait que les trente-cinq secondes du tremblement de terre furent le plus terrifiant moment de la vie haïtienne.

J'arrive à Montréal dans la chaleur de l'été, ignorant ce qui m'attendait. Je travaille dans différentes usines pendant huit ans avant de m'acheter une vieille machine à écrire, une Remington 22, qui symbolisait, à mes yeux, cette Amérique de la vitesse. Mais auparavant, il a fallu trouver ma place dans cette ville. Qu'est-ce qui m'importe le plus à ce moment-là : Port-au-Prince ou Montréal ? Montréal, puisque j'y ai trouvé un espace qui m'appartient en propre : la petite chambre avec une cuisine, un lit, un divan et une toilette avec une baignoire rose. J'ai acheté tous les classiques dont j'avais lu des extraits à Port-au-Prince : Homère, Virgile, Horace, Plotin, Platon, Lucrèce, Thucydide. Tous ces amis des siècles passés se sont retrouvés dans ma petite chambre surchauffée, pour une interminable fête de l'esprit : un livre usagé + un repas + une bouteille de mauvais vin coûtaient douze dollars à la fin des années 1970. À mon arrivée, la concierge m'avait donné une clé que je perdais constamment, ce qui me coûtait, chaque fois, cinq dollars. J'aimais glisser ma main dans ma poche pour palper le métal froid qui m'assurait une liberté de mouvement. Il m'arrivait d'inviter une jeune fille à souper, et alors je courais chercher au dépanneur du coin un paquet de spaghettis. Un repas que je dégustais avec tant d'appétit que la fille se demandait souvent si ce n'était pas le but de l'opération : manger avec quelqu'un. La solitude est parfois pire que la faim. Une machine à écrire, une clé, du mauvais vin, pas de journal, pas de radio, pas de téléphone. J'étais heureux et je le savais, comme disait Miller. Je lisais et relisais, ce qui m'a formé le goût : *Candide, Compère Général Soleil, L'Hiver de force, Cahier d'un retour au pays natal, Journal d'un vieux fou, Cent Ans de solitude, Contes de la folie ordinaire, Le Neveu de Rameau, Les Liaisons dangereuses, L'Art de la guerre, Fictions*… Toute littérature engendre généralement deux espèces : les calmes, qui voudraient se perdre dans le paysage, comme Jacques Roumain et Michel Tremblay, et les fiévreux, qui entrent en rivalité avec le paysage, comme Frankétienne et Victor Lévy-Beaulieu. Je passais sans cesse d'un monde à un autre jusqu'à cet après-midi où j'ai écarté les fruits et les légumes pour déposer sur la table une vieille Remington 22 ruisselante de vaseline et taper cette première phrase dont je n'ai jamais su d'où elle venait : « Pas croyable, ça fait la cinquième fois que Bouba met ce disque de Charlie Parker. » Pourquoi la cinquième fois ? Je ne saurais le dire…

Une dernière histoire et elle vous concerne, cher Jean d'Ormesson. Après le tremblement de terre qui a ravagé Port-au-Prince, je suis rentré à Montréal pour trouver une lettre. Elle venait de vous et débutait ainsi : « J'espère que tu vas bien là où tu es en ce moment… » Et elle était datée du 12 janvier 2010.

Vous êtes un magicien, cher Jean, et votre carte maîtresse, c'est l'as de cœur.

Discours de réception
à l'Académie française

Mesdames et Messieurs de l'Académie,

Permettez que je vous relate mon unique rencontre avec Hector Bianciotti, celui auquel je succède au fauteuil numéro 2 de l'Académie française. D'abord une longue digression – il y en aura d'autres durant ce discours en forme de récit, mais ne vous inquiétez pas trop de cette vieille ruse de conteur, on se retrouvera à chaque clairière. C'est Legba qui m'a permis de retracer Hector Bianciotti, disparu sous nos yeux ahuris durant l'été 2012. Legba, ce dieu du panthéon vaudou dont on voit la silhouette dans la plupart de mes romans. Sur l'épée que je porte aujourd'hui, il est présent par son vèvè, un dessin qui lui est associé. Ce Legba permet à un mortel de passer du monde visible au monde invisible, puis de revenir au monde visible. C'est donc le dieu des écrivains.

Ce 12 décembre 2013, j'ai voulu être en Haïti, sur cette terre blessée, pour apprendre la nouvelle de mon élection à la plus prestigieuse institution littéraire du monde. J'ai voulu être dans ce pays où, après une effroyable guerre coloniale, on a mis la France esclavagiste d'alors à la porte tout en gardant sa langue. Ces guerriers n'avaient rien contre une langue qui parlait parfois de révolution, souvent de liberté. Ce jour-là, un homme croisé à Port-au-Prince, peut-être Legba, m'a questionné au sujet de l'immortalité des académiciens. Il a semblé déçu de m'entendre dire que c'est la langue qui traverse le temps et non l'individu qui la parle, mais que cette langue ne perdurera que si elle est parlée par un assez grand nombre de gens. Il est parti en murmurant : « Ah, toujours des mots… » C'est qu'en Haïti on croit savoir des choses à propos de la mort que d'autres peuples ignorent. La mort est là-bas plus mystique que mystérieuse.

Ici, on se souvient d'Hector Bianciotti comme d'un homme généreux, élégant et cultivé. Trois qualificatifs qui reviennent dès qu'on apprend quelque part que j'entre à l'Académie française. « Au fauteuil de qui ? » « D'Hector Bianciotti. » « Ah, me répond-on, vous êtes chanceux ! Ça va être facile d'en dire du bien. C'est un bon écrivain et un homme courtois. » J'entends ces commentaires louangeurs à Port-au-Prince, à Bruxelles, à Montréal et surtout à Paris. On vient généralement à une pareille cérémonie pour fêter le nouvel élu, mais beaucoup de gens sont ici ce soir pour entendre ce que j'ai à dire à propos d'Hector Bianciotti. Réussirai-je l'examen ? Au lieu de comparaître devant vous, je vais plutôt voir l'écrivain français venu d'Argentine afin de comprendre cet étrange hasard qui nous a réunis dans ce fauteuil.

*

Comme dans un roman de Proust, qu'il ne nomme pas souvent, lui préférant Alberto Savinio, mais dont la grande ombre s'étend sur son œuvre, on remarque chez Bianciotti l'incessant exercice de mémoire où les détails s'accumulent et les analyses se bousculent jusqu'à couvrir parfois la musique intime qui relie les visages aux paysages. Une demi-douzaine de thèmes reviennent presque dans chaque livre : la ferme du père ; la monotone pampa, dont il a tiré des sons plus proches de la musique classique que de la milonga locale ; une famille fellinienne, en fait plus proche de Kusturica que de Fellini, avec de gros plans, comme ceux sur la grand-mère, qui montrent un goût certain pour le cinéma ; les départs toujours précipités ; l'errance dans les grandes villes ; le retour, avec son cortège d'émotions confuses ; le temps circulaire, qui appelle ces étourdissantes répétitions – tout cela fait penser à un enfant qui refuse de descendre du manège malgré une peur croissante. Sa curiosité insatiable et son sens aigu des détails signalent une nature inquiète et fiévreuse. L'emploi imprévisible qu'il fait de l'adjectif dans une phrase par ailleurs classique rappelle Borges.

    C'est cet homme élégant jusqu'au bout des ongles qui m'a donné rendez-vous au Grand Splendide, un hôtel que je croyais luxueux mais qui se révèle « de troisième catégorie, selon une appellation bienveillante, mais en réalité sinon du dernier tout au plus d'avant-dernier ordre ». On peut lire cette note dans *Le Traité des saisons*, qui fait penser, par le titre au moins, à un de ces magazines sur papier glacé et parfumé qui accordent des étoiles aux hôtels, aux villes, aux souvenirs, aux nappes, aux paravents, aux mouches, aux roses et même aux oublis. On imagine qu'Hector Bianciotti y publie des chroniques et que la propriétaire du Grand Splendide ne lui fait pas payer la chambre ni les repas en espérant qu'il écrira un article qui saura redonner du lustre à cet hôtel déclassé. C'est là qu'il se terre depuis sa disparition du paysage parisien.

Je le trouve dans la petite bibliothèque, confortablement installé dans un fauteuil recouvert de plastique « d'un rouge chimique ». Il interrompt sa lecture pour m'accueillir avec un sourire résigné. Si je rencontre Hector Bianciotti aujourd'hui, c'est pour lui faire voir qu'à défaut d'un successeur plus éclatant, il y a entre nous des liens si solides qu'ils pourraient justifier un tel choix. Si l'équipe française a gagné la Coupe du monde en 1998, c'est parce que son entraîneur clairvoyant avait préféré une certaine cohésion entre les joueurs à cette collection de stars dont il pouvait disposer. Bianciotti, qui vient d'Argentine, un des grands pays du football, ne saurait être scandalisé par cette comparaison. J'ai un doute car je viens de m'apercevoir qu'il n'y a pas un seul ballon rond dans toute son œuvre. L'écrivain, qui peut lire aujourd'hui les pensées des autres, se fend d'un sourire légèrement plus détendu que celui avec lequel il m'avait accueilli. Puis il dépose lentement sur la petite table le livre de Borges sur le bouddhisme qu'il lisait à mon arrivée.

J'allais entrer de plain-pied dans ma plaidoirie quand j'ai vu passer cette silhouette reconnaissable par ses joues gonflées et ce regard las d'un homme qui a traversé bien des tempêtes. C'est Oscar Wilde. La propriétaire de l'hôtel le suit dans l'escalier avec un service à thé sur un grand cabaret rose. Je jette un regard à cet homme prématurément vieilli par un injuste procès de mœurs pour revenir à Bianciotti, qui m'offre des yeux doux et purs délicatement posés sur un visage nu. Ainsi commence la soirée avec monsieur Bianciotti. Si j'ai pris du retard dans les présentations, c'est que je suis en compagnie d'un homme qui dispose d'un temps infini, ce qui n'est pas votre cas. J'en tiendrai compte.

*

Il est indéniable que ce fauteuil numéro 2 que nous partageons a un destin américain. Borges, votre écrivain préféré, et cela pour diverses raisons, décrit sans ambages les différences entre l'Amérique et l'Europe. Dans *Enquêtes*, il nous présente deux écrivains aux antipodes. D'un côté Valéry, votre Valéry tant aimé, disons plutôt tant admiré, car je ne sais pas si on peut aimer Valéry, et de l'autre, Walt Whitman. Pour Borges, « Valéry symbolise d'infinies adresses, mais aussi des scrupules infinis ; Whitman, une vocation de félicité presque incohérente mais titanique ; Valéry personnifie glorieusement les labyrinthes de l'esprit ; Whitman, les interjections du corps. Valéry est le symbole de l'Europe et de son délicat crépuscule ; Whitman, celui du matin américain ». Si certains points dans ce duel de personnalités vous semblent excessifs, je sais que vous partagez avec moi cette idée extravagante qu'un texte bien écrit contient sa propre vérité.

J'ai remonté le fauteuil numéro 2 pour trouver à côté de grands esprits comme Montesquieu un certain François-Jean de Beauvoir, marquis de Chastellux. Cet intellectuel, ami de Voltaire, était aussi un homme d'une certaine bravoure qui participa à la guerre d'Indépendance américaine sous le commandement du comte de Rochambeau. Permettez que je m'arrête un moment sur le nom de Rochambeau. Si le père a fait la guerre d'Indépendance américaine aux côtés de Washington et qu'il est connu comme étant le vainqueur de la bataille de Yorktown, si le père était donc du bon côté, le fils fut le pire bourreau envoyé à Saint-Domingue, qui deviendra Haïti après la défaite de l'armée napoléonienne à Vertières. C'est lui, Donatien de Rochambeau, qui fit venir de Cuba des chiens pour traquer les esclaves en fuite. Ah, cher Hector Bianciotti, la rencontre de l'Amérique et de l'Europe ne fut pas toujours aussi civilisée que le face-à-face de Valéry et de Whitman imaginé par Borges. Vous-même, vous racontez, d'une manière elliptique certes, la condition misérable de ces Indiens qu'on finit par employer comme main-d'œuvre sur leurs propres terres. On n'a qu'à constater cette violence si lourdement présente dans la vie quotidienne des petits fermiers venus parfois du Piémont pour imaginer le sort réservé aux premiers habitants de cette terre.

J'ignore si vous avez été bercé, enfant, comme je le fus en Haïti, par les guerres de libération, et si

Bolívar a compté pour vous comme il a compté pour moi. Si oui, sachez qu'il séjourna trois mois en Haïti, du 24 décembre 1815 au 31 mars 1816. Épuisé et défait, il chercha de l'aide auprès du général Pétion, alors président de la jeune république haïtienne. Haïti était le seul pays d'Amérique à comprendre une telle passion de liberté. Au terme de son séjour, Pétion lui fournit un bateau, des hommes et des armes. En échange, il lui demanda, au nom d'Haïti, de libérer les esclaves des pays conquis. Ces histoires ont nourri mon imaginaire, et chaque fois que je croise un Sud-Américain, mon premier réflexe est de lui demander s'il est au courant de cet épisode. Vous n'en avez soufflé mot dans votre œuvre, préférant l'histoire familiale à l'histoire nationale – un point de vue que je partage avec vous. Peut-être parce que la vie fut trop dure pour ces paysans piémontais pour qu'ils se sentent concernés par un quelconque sentiment national. D'ailleurs ces notions idéologiques vous laissent indifférent, sauf lorsqu'il s'agit du populisme de Perón et de sa femme Eva, dont vous avez tiré des portraits d'une férocité jubilatoire.

Je me demande si Dumas a compté pour vous, et s'il a illuminé votre enfance comme il a illuminé la mienne. Si je parle de Dumas, c'est parce qu'il a occupé aussi ce fauteuil. Même si ce n'était pas le Dumas des *Trois Mousquetaires* mais plutôt son fils, l'auteur de *La Dame aux camélias*. De toute manière, les Dumas ont de profondes racines en Haïti puisque c'est une « négresse », selon l'appellation de l'époque, qui a donné naissance au général Dumas, le grand-père de notre confrère Alexandre Dumas fils. Je dois souligner que le nom Dumas ne vient pas du père, le marquis de la Pailleterie, mais de la mère, une jeune esclave du nom de Marie-Louise Césette Dumas. Ces Dumas ont le sang vif de ces mousquetaires qui osèrent affronter notre fondateur, le cardinal Richelieu. Enfant, j'étais du côté de d'Artagnan, aujourd'hui je me range derrière le cardinal. Le temps nous joue de ces tours.

J'ajoute que Montesquieu, avec ses observations critiques et ironiques sur l'esclavage, pourrait se retrouver facilement dans un manuel d'histoire de l'Amérique, puisque l'esclavage est à la base de la prospérité de ce continent. Ce fauteuil est le siège de tant d'aventures reliées à l'Amérique que je ne serais pas étonné qu'il devienne un jour le fauteuil américain de l'Académie.

*

Ah, l'enfance, elle revient sans cesse, comme chez beaucoup d'écrivains, mais dans votre mémoire, elle prend une dimension épique. Vos descriptions sont si terrifiantes qu'elles me font regretter mon enfance lumineuse au pied d'une grand-mère sereine. Vous égrenez dans cette œuvre troublante une litanie de malheurs : une terre aride, un père taciturne et violent, et une mère cherchant constamment un lieu où s'abriter de la colère de son mari. Elle n'avait qu'à tomber enceinte, car le père n'était sensible qu'à l'idée de l'augmentation de la main-d'œuvre. Dans ce carnaval incessant défilait le char allégorique de la grand-mère. À ce regard voilé, on sent tout ce que cette femme a représenté pour vous : en premier lieu, la résistance à votre père, qui lui vaut une dignité de reine en exil. Cette grand-mère, aussi innocente dans sa méchanceté qu'un insecte nuisible, vous a sauvé de l'ennui tout en vous offrant votre plus beau personnage. Ses nombreuses courses dans la pampa parfois boueuse à la recherche de fermes plus hospitalières où ses autres fils pourraient l'héberger après une dramatique rupture avec votre père. Je me demande si ce personnage plus grand que nature n'était pas une affectueuse tentative de vous rapprocher de cette littérature sud-américaine à vos yeux trop colorée. Car votre grand-mère pourrait se retrouver facilement dans les romans de Márquez. Vos autres personnages sont tenus, non par les images, mais par ce style classique qui fait de vous un écrivain français, et cela avant que vous ayez songé à écrire un roman en français. Il faut dire que, différemment des autres pays sud-américains, l'Argentine s'est toujours mise dans le sillage d'une Europe sobre, à l'imagination bridée par l'érudition et l'analyse. Ah, cette enfance, vous en avez tant parlé en ajoutant chaque fois de nouveaux détails. Vous avez décrit, sous différents éclairages, chaque chambre, chaque meuble, chaque visage. Les exilés font ça pour que vers la fin, au moment où tout s'obscurcira, ils puissent retrouver le chemin du retour.

*

Vous aviez tout de suite deviné, cher Hector Bianciotti, que ce monde brutal de la paysannerie structuré par le travail et la violence n'était pas le vôtre. Et vous n'aviez de cesse de le quitter. En cela, vous ressemblez à tant de jeunes gens. La scène du départ, bien qu'émouvante, ne nous apprend rien de nouveau à propos des personnages. Ils sont autour d'une table. La mère, tête baissée, qui regarde le père. Le père, sortant un grand cahier où il a noté tout ce que vous lui devez, vous fait jurer de payer vos dettes. Vous êtes là, abasourdi par tant de mesquineries. Je sais qu'on finit par ressembler à celui qu'on déteste, surtout vers la fin. Vous prenez enfin la route, soulagé, sachant que vous n'allez plus jamais revenir dans ce village perdu où vous avez vécu une enfance si triste. Vous ne saviez pas encore qu'on ne quitte pas son enfance. Et que le voyage ne prend son sens qu'au retour. On vous sait avide de sensations, vous ayant vu, dans la pampa, embrasser la terre, les arbres comme les animaux. Et aussi un garçon de ferme, Florencio. Votre mère semblait désemparée devant une telle frénésie. Ces pages sur la naissance du désir qu'on peut lire dans *Ce que la nuit raconte au jour* me semblent les plus belles de votre œuvre.

Ces années seront décisives, comme on dit, car vous découvrez en même temps la littérature, les jeunes filles, les jeunes garçons, la misère, la liberté et la politique. On trahit ses amis ou sa famille pour de l'argent ou pour éviter la prison. Tous ces jeunes gens qui vous entourent à Córdoba ou à Buenos Aires trafiquent avec le pouvoir. Ils sont à la fois anges et démons. L'un d'eux vous trahira puis vous sauvera en vous permettant de prendre le bateau pour l'Europe. À quel moment avez-vous compris que toutes ces histoires blessantes, tous ces échecs amoureux, toutes ces rebuffades, toutes ces humiliations étaient les ferments d'une œuvre à venir ? À quel moment avez-vous senti que ces dures conditions dans lesquelles vous avez vécu sont la source de cette élégance qui impressionne tant ces aristocrates croisés sur votre chemin ? À cette aisance millénaire des nantis, vous avez opposé avec une grâce incomparable, selon tous les témoignages, votre univers pauvre en biens matériels mais si riche en nuances. Grâce à ce don particulier pour l'écriture, on a l'impression que les livres ont fleuri au bout de vos doigts… Votre sourire fané me dit que cela ne s'est pas passé ainsi. Conquérir Paris n'est chose facile pour personne si j'en crois Balzac, encore moins pour un jeune Argentin venu du fond de la pampa.

Dans *Ce que la nuit raconte au jour,* vous confessez quelque chose qui m'a profondément touché parce que je vous sentais nu à ce moment-là. Du bon usage de l'écriture, vous notez avec lucidité : « La violence qui ne cesse de m'habiter et que discipline en ce moment le maniement de la plume. » Cet homme affable que vous êtes était donc pétri de violence. On aurait cru que vous teniez de votre mère cette maîtrise des sentiments et cette coulée du récit. C'est vrai, mais ce calme était en apparence, car c'est l'amertume du père qui irriguait vos phrases. Vous ne brodez jamais quand il s'agit de lui, vous y allez direct. C'est son visage toujours crispé qui se profile au fond de l'œuvre.

*

La propriétaire, qui semble au courant de vos habitudes, nous a apporté du café juste à ce moment-là. Vous l'accueillez avec ce sourire derrière lequel vous vous cachez si souvent. Elle remplit nos tasses et vous fait un clin d'œil comme pour vous rappeler qu'elle attend toujours cet article élogieux qui fera revenir la clientèle partie ailleurs. Je perçois chez vous, avec un certain plaisir, un léger goût pour le kitsch qui s'est manifesté dès votre premier roman, *Les Déserts dorés,* que le pourtant sévère Maurice Nadeau a voulu éditer. Votre littérature dégageait déjà une forte séduction basée sur ce mélange inégal de féminité et de masculinité. Je vous imagine, à l'époque, couché sur un divan dans une étroite chambre à coller des étoiles à vos écrivains favoris. Une passion en toutes lettres que j'ai lue parce que j'ai voulu visiter votre bibliothèque personnelle. Je persiste à croire que la bibliothèque est le vrai pays d'un écrivain. Le refuge des premières émotions de celui qui regarde le monde par la fenêtre. Je remarque que vous avez apporté ici quelques-uns de vos livres favoris. J'imagine qu'on voyage léger quand on va si loin, même si cela prend l'aspect d'un petit hôtel de troisième ordre en plein cœur de Paris. Je ne suis pas dupe de tout ce théâtre, comme de ne pas entendre le bruit des pas des clients qui montent l'escalier vers les chambres, ou de voir passer cet homme qui ressemble trop à Alberto Savinio pour ne pas l'être.

Soudain, j'ai envie de regarder ces livres en me remémorant ce que vous dites de leurs auteurs. Sur Borges, vous avez raconté avec une juvénile gaieté, je me souviens, cette balade dans Paris. Vous vous êtes arrêtés pour déjeuner, et à la fin du repas, quand on a apporté la corbeille de fruits, Borges a écarté les mangues pour choisir la grappe de raisins : « Je n'aime pas les fruits modernes », fit-il. Sur Adolfo Bioy Casares, un homme plein de fantaisie, vous avez écrit qu'il « espérait réussir un jour un livre d'un genre indéfini, qui recueillerait des pensées, des fragments, qui serait avant tout un livre amical. Un livre, ajoutiez-vous, que les voyageurs solitaires aimeraient trouver au hasard de leurs voyages, dans une chambre d'hôtel ». Voici Victoria Ocampo. Vous lui portez une affection particulière pour avoir façonné la littérature argentine contemporaine en réunissant autour de la revue *Sur* des écrivains aux tempéraments si différents et aux talents si chatoyants. Dans sa correspondance passionnée avec Victoria Ocampo, Roger Caillois la dévoile ainsi : « Vous êtes une sauvage. Votre douceur même est une douceur d'animal sauvage. » Cet oxymoron vous va comme un gant, cher Hector Bianciotti. Vous ne vous laissez jamais désarçonner par votre interlocuteur comme vous ne cherchez pas non plus à le mettre dans l'embarras. Sábato vous confie qu'il est en train d'écrire un livre bref. « Un récit autobiographique ? » lui demandez-vous. « Oh, vous répond-il, toute œuvre est autobiographique ; un arbre de Van Gogh est le portrait de son âme. » C'est aussi mon avis, car je vous sens autant dans vos romans que dans vos essais. Et bien sûr, au bout du rayon, votre cher Alberto Savinio, avec qui vous n'avez jamais cessé de converser. À propos de lui, vous murmurez : « C'est sa voix même qui nous retient, en plus de son inépuisable fantaisie, de son érudition, de son humour, de cet art du paradoxe qu'il manie comme nul autre, et de sa sagesse, sa vieille, son antique sagesse, la sagesse d'un Grec arrivé trop tard en ce monde… » Si j'ai fait ces nombreuses citations, c'est surtout pour faire entendre votre musique si personnelle, et cette érudition qui court sur la crête des phrases – le tout soutenu par un feu intérieur sans cesse nourri par des souvenirs douloureux.

*

Comme vous êtes beau, Hector, je me suis demandé quel était votre rapport à votre visage. Je parle à partir des portraits de vous vus dans les médias. Une seule fois j'ai pu observer votre visage en mouvement. C'était à cette émission d'*Apostrophes* où vous étiez en compagnie d'Umberto Eco. Vous portiez un costume gris et une belle chemise bleue. Bien coiffé (on sent que vous n'avez pas souvent les cheveux en bataille), pétillant, brillant, vous étiez en verve ce soir-là. Umberto Eco observe que l'écriture, quel que soit le sujet, finit par nous servir de miroir. Et suivant notre rapport au miroir, on est séducteur ou séduit. Je vous imagine séduit plutôt que cherchant à séduire. Vous me paraissez prompt à aimer, même si la réciprocité n'est pas assurée. Vous avez, je l'ai vu dans l'émission de télévision, une façon de tendre votre visage vers votre interlocuteur comme pour lui dire que vous n'avez que ça à lui offrir. Vous aimez faire plaisir, et si vous êtes trop fauché pour acheter un bouquet de fleurs, c'est votre énergie ou votre âme que vous offrez.

Vous avez la nostalgie de la maison de Dieu. Le dieu de la mère, car le père est un mécréant. Vous avez trouvé en la personne de l'abbé Benoît Lobet quelqu'un avec qui débattre de vos doutes, lui-même en garde quelques-uns en réserve. Pourtant, sur cette question de la foi, vous êtes d'une terrifiante gravité. On vous a même cru intégriste, alors que vous êtes simplement intègre. Si vous aimez les rituels, c'est parce qu'ils permettent à l'émotion de traverser les siècles sans perdre de sa force ni de sa fraîcheur. Entre l'amour de la mère et la dure loi du père, votre choix semblait évident, mais un sourire furtif me dit que vous ne voyez plus les choses de manière aussi catégorique.

*

Au cœur de votre esthétique se trouve cette idée de la beauté qui remonte au temps de la ferme. Vous avez été frappé par cette photo d'une dame habillée de rouge dans le catalogue d'une de vos tantes. Il y a toujours, dans ces coins reculés du monde où la vie n'a de sens que par le travail, un être qui se passionne pour l'inutile. Cette tante ne semblait vivre que pour ces catalogues qu'elle recevait par la poste. Durant les heures lourdes de l'après-midi, elle les feuilletait. Un jour, debout près d'elle, vous avez remarqué cette dame en rouge. Plus que la dame elle-même, c'est l'émotion qu'elle a provoquée en vous qui a résisté au temps. Vous étiez présent le jour où votre père s'en est pris à cet étrange mode de vie en déchirant tous les catalogues avant de les jeter au feu. Vous avez vu, horrifié et incapable de bouger, les flammes atteindre la dame en rouge. Si la littérature ne peut pas sauver des flammes la beauté, elle ne mérite pas tous les sacrifices qu'on fait pour elle. Cette situation dit bien l'impuissance de l'enfant face au pouvoir. Et depuis, vous vous cabrez devant toute autorité.

L'autre événement qui vous a touché au plus profond, c'est bien sûr la mort de votre sœur. Est-ce vrai ? Toujours est-il que l'émotion est là, sous nos yeux. Votre sœur était couturière et votre écriture se rapproche de cet art. Vous brodez parfois jusqu'à atteindre le baroque, mais pas là. Devant la mort, vous devenez sobre et tout à coup vous tremblez en découvrant la fragilité de cette triade qui soutenait l'édifice familial : la mère-courage, le père-tonnerre et la sœur-fantaisie. Ôtez la fantaisie et tout s'écroule. Le paternel se vide de son sang comme de son sens.

Plus tard, le père meurt. Et, comme pour moi, vous apprenez sa mort par téléphone. C'est le sort des exilés. Vous écrivez : « Lorsqu'on m'a annoncé au téléphone la mort du père, j'avais imaginé un cimetière en désordre. » On pense à tout ce chemin parcouru pour s'éloigner du père, et voilà qu'il faut reprendre la route en sens inverse. Je n'ai pas connu la haine du père, j'ai vécu son absence, et le choc que cela a fait à ma mère.

Vous avez connu pourtant des périodes d'extrême dénuement durant vos débuts à Rome et à Paris. Des situations si angoissantes financièrement que vous auriez eu raison de vous laisser aller, mais ce goût de l'élégance vous a toujours gardé parmi les vivants. Au retour d'une conversation littéraire dans un salon de Paris ou de Rome, où vous avez discuté longuement de Valéry ou de Giuseppe Tomasi di Lampedusa, vous prenez la peine, avant de vous coucher, de laver l'unique chemise que vous possédez pour la mettre à sécher dans la petite chambre où vous logez. Votre enfance fut si rude qu'elle vous a dégoûté du travail manuel.

*

Cher Hector Bianciotti, cette rage si bien enfouie en vous mais dont les traces sont évidentes dans vos récits me fait penser au poète haïtien Edmond Laforest. Il est né en 1876 et mort en 1915 à Jérémie, surnommée en Haïti la ville des poètes. C'est un pays où l'on doit justifier sa vie en publiant au moins un recueil de poèmes. Laforest était à Jérémie quand les Américains débarquèrent en juillet 1915. Pour protester contre une telle agression, il se noya dans sa piscine avec un dictionnaire Larousse au cou. Si Laforest est mort en dandy résistant, vous avez mis beaucoup de style dans votre vie et aussi dans votre écriture. Pour n'importe qui d'autre, ce serait trop, mais chez vous on sent une sincérité si profonde qu'elle finit par séduire le lecteur, et tous ceux qui s'approchent de vous. Une honnêteté même dans la plus artificielle attitude – vous me rappelez Cocteau par moments. Vous aimez l'opéra, vous aimez l'Italie, vous parcourez les musées, mais vous n'avez jamais oublié que derrière la vieille ferme familiale on trouve ce petit cimetière que votre père qualifia un jour d'« enclos de croix ». Cette métaphore si brutale dans son sens comme dans sa forme ne vous a jamais quitté.

En arrivant à cet hôtel, j'ai remarqué sur le comptoir de la réception deux de vos titres parmi les plus beaux : *L'amour n'est pas aimé* et *Le Pas si lent de l'amour*. Les photographies de vedettes de *telenovelas* épinglées un peu partout me font craindre que la propriétaire – « obèse, inquisitoriale et blonde », selon une note griffonnée au crayon dans un de vos carnets – s'attende à lire des romans à l'eau de rose. C'est le genre de quiproquo qui vous amuse. On m'a parlé ici et là de votre humour, de votre esprit espiègle, ce qu'on voit trop rarement dans votre œuvre. Sur les photos : parfois guindé, toujours sérieux, vous donnez l'impression d'un homme triste à ceux qui ne vous connaissent pas ou qui ne vous ont pas connu au bon moment. Dans un article retentissant où il vous qualifie d'« élégant vagabond », Claude Roy remarque aussi chez vous une fierté si grande qu'elle vous empêche de crier – je cite : « si vive est la douleur qui vous étreint ».

Vous puisez votre énergie dans deux sources différentes : la fierté déjà mentionnée et l'ambition de maîtriser le français mieux que quiconque. Vous hésitez jusqu'à ce qu'un jour votre alter ego Angelo Rinaldi vous convainque d'écrire en français ce roman que vous portez en vous depuis si longtemps : *Sans la miséricorde du Christ*. Tous vos thèmes y sont à nouveau présents, même si cette fois le narrateur ne regarde pas directement la caméra, se cachant derrière une certaine Adélaïde Marèse. Le parcours ne diffère pas, sauf pour ce Strasbourg–Saint-Denis, le quartier de Paris où vit Adélaïde Marèse. L'ambition est cette fois double : un roman en français et un grand roman. Il est paru en 1985, au moment où je publie *Comment faire l'amour avec un nègre sans se fatiguer*. Ces deux livres, du moins par leurs titres, ne sont visiblement pas destinés au même lectorat. Pourtant l'Association des aveugles de Montréal me demande de lire cette même année *Sans la miséricorde du Christ* pour son public. C'était la première fois que je me lançais dans une pareille aventure. C'était aussi la première fois que mon nom effleurait le vôtre. Après ce discours, nous ne nous quitterons plus.

*

Vous revenez souvent, cher Hector Bianciotti, sur cette première métaphore entendue de la bouche de votre père. Je rappelle une nouvelle fois cette scène qui a fondé votre sensibilité et d'une certaine manière votre spiritualité. Vous êtes avec votre père dans le jardin quand il vous montre le petit cimetière qu'il désigne comme « l'enclos des croix » tout en ajoutant que c'est ici, dans cette vie, que tout se passe et qu'il n'y a plus rien d'autre après. L'image est rude mais elle est aussi très puissante puisqu'elle vous a habité si longtemps. Ce n'est pas loin du Villon de *La Ballade des pendus,* même si bien loin de *La Prière à Notre-Dame.*

> La pluie nous a débués et lavés,
> Et le soleil desséchés et noircis ;
> Pies, corbeaux nous ont les yeux cavés,
> Et arraché la barbe et les sourcils.

Votre père aura été aussi proche de Villon que vous l'êtes de Valéry.
Je voudrais vous présenter un homme solide qui n'a pas peur de la mort mais pleure à l'amour. Sa langue est plus proche de votre père que de vous. C'est une langue rugueuse qui fut autrefois celle des rois de France. Il s'appelle Gaston Miron. Vous êtes les deux faces de la même médaille Amérique. Vous êtes celui qui est parti, il est celui qui est resté. Voici son poème *Compagnon des Amériques.*

> Compagnon des Amériques
> Québec ma terre amère ma terre amande
> ma patrie d'haleine dans la touffe des vents
> j'ai de toi la difficile et poignante présence
> avec une large blessure d'espace au front
> dans une vivante agonie de roseaux au visage

> je parle avec les mots noueux de nos
> [endurances
> nous avons soif de toutes les eaux du monde
> nous avons faim de toutes les terres du monde
> dans la liberté criée des débris d'embâcle
> nos feux de position s'allument vers le large
> l'aïeule prière à nos doigts défaillante
> la pauvreté luisant comme des fers à nos
> [chevilles

En écoutant le poète, je vois votre père, votre mère sarclant cette terre aride et la cohorte d'employés agricoles. D'ailleurs il termine en les saluant.

> salut à toi territoire de ma poésie
> salut les hommes et les femmes
> des pères et mères de l'aventure

Vous les avez quittés pour pouvoir les saluer à votre manière européenne. Dans la langue raffinée de ceux qui les ont chassés d'Europe. Vous êtes devenu une célébrité en Argentine parce que vous êtes connu en France. Mais vous êtes triste, et c'est avec ce sentiment que vous avez écrit vos plus belles pages. Celles de la mort de votre sœur ou de la sœur du narrateur, c'est pareil, celles à propos de la tendresse de votre mère, celles surtout sur votre père si différent de vous au début et si semblable à vous à la fin.

*

Nous avons chacun rêvé de ce retour pour finalement écrire un livre sur ce thème. Le vôtre, c'est, en fait, toute votre œuvre. René Depestre, qui vit à Lézignan-Corbières depuis des années, dit que sa table d'écriture donne sur Jacmel, sa ville natale. Émile Ollivier, qui a passé une grande partie de sa vie à Montréal, affirme qu'il est québécois le jour et haïtien la nuit. C'est un étrange animal que celui qui vit hors de sa terre natale. Sa condition d'exilé lui permet d'ourdir une littérature qui n'est ni tout à fait de là-bas, ni tout à fait d'ici, et c'est là tout son intérêt. Si vos thèmes sont argentins, votre style est français. L'un des apports les plus significatifs de l'exil dans la littérature, c'est la notion du retour. D'autant plus intéressant qu'il s'avère impossible dans la réalité. On ne retourne pas au point de départ, le mouvement est incessant. Ces écrivains de l'exil ont donné un nouveau sens au mot *voyage*.

Vous avez appris tant de choses durant cette vie si riche en aventures diverses, et sans chercher à éviter les pièges, car vous êtes intrépide. Mais un sentiment inconnu vous attend au détour du chemin : la nostalgie du pays natal. On n'aurait jamais cru que ce monde si brutal vous manquerait un jour. De nombreux écrivains sud-américains vous avaient ouvert le chemin vers Paris. Vous avez suivi leurs traces, comme s'il s'agissait d'un troupeau migrateur. Vous étiez devenu le chroniqueur de leurs errances. Chaque fois que l'un d'eux publie un livre, vous le présentez immédiatement à vos lecteurs. Certains sont devenus des amis, car « l'amitié est une passion sud-américaine ». Borges, bien sûr, mais aussi les sœurs Ocampo, Macedonio Fernández à sa mort, les Uruguayens Felisberto Hernández et Juan Carlos Onetti, la Brésilienne Clarice Lispector, l'Argentin universel Alberto Manguel, le Mexicain Octavio Paz, Ernesto Sábato, l'autre aveugle de Buenos Aires, le Cubain Severo Sarduy, et tous ceux, bien moins connus, que vous avez aidés à faire leurs premiers pas dans ce Paris qui exige pour y réussir l'appétit d'un Rastignac. Ils n'ont pas tous fait le voyage, mais ils l'ont tous rêvé. Pour ne pas sombrer dans la dépression, s'il était possible de l'éviter, il faut autre chose que l'ambition, peut-être cette chaleur humaine qui s'appelle l'affection. Alors voici Leonor Fini et ses nombreux chats, et surtout Silvia Baron Supervielle.

Pour moi, ce fut d'abord ce trio qui inscrivit la dignité nègre au fronton de Paris : le Martiniquais Aimé Césaire, le Guyanais Léon-Gontran Damas et le Sénégalais Léopold Sédar Senghor. Ce dernier a occupé pendant dix-huit ans le fauteuil numéro 16. C'est lui qui nous permit de passer, sans heurt, de la négritude à la francophonie. Chaque fois qu'un écrivain né ailleurs entre sous cette Coupole, un simple effort d'imagination pourra nous faire voir le cortège d'ombres protectrices qui l'accompagnent.

*

Il y a une nouvelle de Borges dans *Fictions*, « Funes ou la mémoire », qui raconte l'histoire d'un jeune garçon qui se souvient de tout ce qu'il a vu, de tout ce qu'on lui a dit, de tout ce qu'il a lu. Cette mémoire qui ne sait pas faire le tri n'est pas loin du cauchemar, un cauchemar que le trop-plein, comme le manque de sensations, peut engendrer. J'ai été frappé en vous lisant par cette insistance à évoquer la perte du langage. Comme si vous perceviez qu'un destin tragique vous attendait au détour. Vous qui mettiez tant de passion dans la moindre discussion sur la littérature, voici que la parole se retire de vous. J'ouvre spontanément un de vos livres pour tomber sur ce passage où vous parlez d'un écrivain « qui ne parvient plus à saisir la réalité au moyen des mots ». Dans un portrait de Rainer Maria Rilke, vous soulignez « cette frontière du langage où la parole est la demeure de l'être ». À propos de Swift, vous découvrez avec tristesse qu'il finit dans un état de pitoyable hébétude, « se limitant à bredouiller la même phrase quand il arrivait à parler ». Parlant d'un personnage dans *Ce que la nuit raconte au jour,* vous notez qu'il s'arrêta, « détournant la tête, cherchant plus loin sur la toile du fond de la nuit, quelque chose de perdu, de secret ». Pourtant ces mots enfouis furent tout pour vous, et vous le dites clairement : « J'ai joué avec les mots, je me suis raconté des rêveries et des fictions, j'ai formé ma conscience. »

J'entends le bruit des sandales de la concierge qui revient avec du café chaud. Près de la fenêtre se tient un Valéry pensif qui observe un oiseau en train de faire son nid. On m'arrête parfois dans la rue pour évoquer ce moment où vous avez dit à la télé que la phrase française la plus mémorable pour vous était : « Le fond de l'air est frais. » Cette candeur a charmé l'assistance et le mot est resté. Qui d'autre qu'un enfant de la pampa prendrait la peine de palper le fond de l'air avec un accent si distinctif ? Le regard de Bianciotti s'est allumé à l'évocation de cette plaine infinie et d'une vie rythmée par les saisons.

Vous avez presque tout perdu sauf cette manière de vous tenir que la maladie n'a pu altérer qu'au dernier moment. Jusqu'au cœur de cette douleur qu'est la perte de la mémoire pour un écrivain comme vous, si attaché au mot juste et au goût de bien dire, vous avez gardé votre élégance. Quand les idées se sont effacées de votre mémoire, vous vous rappeliez les titres des livres et les noms des auteurs les plus aimés. Souvenez-vous aujourd'hui de ce jeune homme si indifférent à la faim et au sommeil qu'il passait ses nuits à discuter de poètes disparus ? Puis le français tant aimé vous a quitté pour l'espagnol de votre enfance, la seule langue qui vous permet d'exprimer le silence.

Comme vous ne trouvez plus d'intérêt à parler, je lirai à votre place ces mots qui disent votre état d'esprit du moment : « Tout est en ordre, maintenant les silhouettes et les drames sont devenus transparents ou infiniment réduits et occupent, inoffensifs, la place qui leur revient dans l'enchevêtrement du temps. » Vous levez la tête pour me regarder longuement, puis vous reprenez le livre de Borges que vous lisiez à mon arrivée. La propriétaire en train de converser près de la fenêtre avec Valéry ne se retourne pas sur mon passage. Son petit rire de fée clochette m'accompagne jusqu'à la porte. Je sors pour trouver Legba, qui m'attend sur le trottoir d'une rue animée. Un taxi m'amène au quai Conti afin que je vous fasse part de ma rencontre avec Hector Bianciotti.

Réponse au discours de réception
de M. Dany Laferrière

Amin Maalouf

Les terres d'Amérique d'où vous venez, Monsieur, nous les chérissons depuis toujours dans cette Compagnie, comme dans ce pays. Nouvelle-France, Saint-Domingue, Québec, Canada, Haïti… Tant d'affinités ! Tant de réminiscences ! Tant de passion réciproque ! Tant de fidélité !

Et cependant, que de rendez-vous manqués ! Tel celui qui faillit avoir lieu à l'époque de la Révolution, qui aurait changé bien des choses pour Haïti, pour la France, et sans doute aussi pour l'humanité entière, mais qui s'acheva, hélas, dans le remords et l'amertume.

Au mois d'août 1789, dans les semaines qui ont suivi la prise de la Bastille, l'Assemblée constituante adoptait la première *Déclaration des droits de l'homme et du citoyen*, et aussitôt se posait avec insistance la question de l'esclavage dans les colonies. Ne fallait-il pas l'abolir sans délai ? À partir du moment où l'on avait proclamé : « Les hommes naissent et demeurent libres », la chose aurait dû aller de soi. Mais les colons qui dominaient votre île, alors appelée Saint-Domingue, déléguèrent à Paris des représentants pour prévenir Danton, Mirabeau, Lafayette et les autres que si jamais on les privait de leur main-d'œuvre gratuite, leurs plantations sucrières cesseraient de produire, et la France en serait ruinée. Une menace qui effraya les assemblées successives et les amena à remettre sans cesse leur décision à plus tard. La population noire, déçue et excédée, finit par prendre les armes.

On se retrouva ainsi avec deux révolutions face à face, l'une à Saint-Domingue, l'autre en métropole ; l'une née dans le sillage de l'autre, mais née aussi en réaction aux manquements de l'autre. Et c'est dans un climat d'extrême tension des deux côtés de l'Atlantique que la Convention nationale vota enfin, le 4 février 1794, l'abolition totale de l'esclavage dans toutes les possessions françaises.

La révolte noire avait alors, en la personne de Toussaint Louverture, un dirigeant hors du commun. Ayant conquis l'ensemble de l'île, il refusa de se laisser manipuler par l'Angleterre ou l'Espagne et, contre l'avis de ses lieutenants, proposa à Paris une alliance. Il eut même le courage moral d'inviter les colons blancs à revenir à Saint-Domingue pour contribuer à son relèvement. « Toussaint, quoique vainqueur, modeste en ses succès », dira plus tard Lamartine dans une pièce qu'il lui consacrera (a).

Lui seul, parmi les dirigeants politiques de son époque, croyait profondément en l'importance exceptionnelle de l'instant qu'on vivait : une grande nation européenne qui se révoltait contre l'ordre établi, qui abolissait les privilèges, qui abolissait l'esclavage en proclamant le principe d'égalité entre tous les hommes, sans distinction de couleur ; et au même moment, une nation noire, longtemps opprimée, qui relevait la tête, qui prenait son destin en main, qui se battait, qui se libérait elle-même. Un monde nouveau semblait en train de naître, plus juste, plus fraternel. Plus humain.

Un épilogue flamboyant pour le siècle des Lumières. Et ce n'est évidemment pas un hasard si l'on vit en ces années-là, à la tête des troupes françaises en Italie, en Égypte et dans les Flandres, un général noir, Dumas, né comme vous, Monsieur, dans le sud de l'actuel Haïti. « Les yeux de mon père s'ouvrirent dans la plus belle partie de cette île magnifique, [...] dont l'air est si pur, qu'aucun reptile venimeux n'y saurait vivre », écrira son fils Alexandre, dont l'œuvre – notamment *Le Comte de Monte-Cristo* – fourmille d'allusions codées à l'épopée paternelle.

Ce fut, hélas, Bonaparte qui mit fin à cet épisode si prometteur. En 1802, il rétablit brutalement l'esclavage dans les colonies, et dépêcha un corps expéditionnaire pour réoccuper l'île. Toussaint Louverture fut vaincu, appréhendé par traîtrise et déporté en métropole, où il devait mourir en prison au bout de quelques mois.

Une victoire, pour le futur empereur ? Non, une débâcle, une triple débâcle – militaire, politique et morale. Pendant que le héros de Saint-Domingue dépérissait de froid et de tristesse dans un fort du Jura, une nouvelle révolte éclatait sur l'île, bien plus violente, et cette fois radicalement anti-française. Les troupes venues de métropole furent battues, de nombreux colons furent massacrés, l'indépendance fut proclamée et le pays rebaptisé Haïti.

Quelques années plus tard, après avoir été lui-même vaincu et exilé, Napoléon exprimera, dans *Le Mémorial de Sainte-Hélène*, son remords pour la manière dont il avait agi. « C'était une grande faute que d'avoir voulu soumettre cette colonie par la force ; je devais me contenter de la gouverner par l'intermédiaire de Toussaint. » Il avait d'autant plus à se reprocher cette faute qu'il l'avait vue, dira-t-il, et qu'elle était contre son inclination ; selon ses propres termes, il n'avait fait que « céder aux criailleries des colons ».

Si j'ai voulu m'étendre sur ce rendez-vous manqué, ce n'est pas pour dénoncer l'égarement des hommes, leur rapacité ou leur inconstance ; il n'y a aucun mérite à s'indigner deux siècles après les faits. Mais les conséquences de ces péripéties lointaines sont encore avec nous. Haïti ne s'est jamais complètement remise de ce traumatisme initial. Bien sûr, elle a pu gagner son indépendance de haute lutte, devenant la première république noire de l'ère moderne, et la deuxième nation à se libérer dans les Amériques après les États-Unis. De cela, les Haïtiens ont toujours été fiers, à juste titre. Mais que la route a été pénible ! Imagine-t-on ce que cela a dû être pour une nation noire de faire ses premiers pas sur la scène mondiale au XIXe siècle, quand toutes les puissances européennes, engagées dans l'acquisition des colonies, avaient pour doctrine que les peuples de couleur, comme on disait alors, étaient incapables de se gouverner eux-mêmes ?

Dans le récit que vous avez consacré au grand séisme de 2010, et qui s'intitule *Tout bouge autour de moi,* vous dites qu'une punition pour l'exemple avait été infligée aux Haïtiens pendant deux cents ans. Une punition, en effet; on pourrait dire une vengeance. Qu'ils ont endurée avec dignité, souvent même avec panache. Ils ont su se doter d'une grande littérature, d'une tradition picturale unique, d'une trajectoire riche en épopées, d'un univers poétique, d'un domaine mystique, d'une identité forte et singulière. Mais constamment dans la souffrance, dans l'angoisse, dans la tragédie. Et plus d'une fois au cours de leur histoire ils ont eu à subir des dirigeants fantasques, ou pervers!

L'homme qui gouvernait le pays quand vous êtes venu au monde, en avril 1953, était le général Magloire, arrivé au pouvoir par un coup d'État militaire trois ans plus tôt. Avec le recul, avec tout ce qui s'est passé depuis en Haïti et dans le reste du monde, son régime nous semble aujourd'hui quasiment débonnaire; mais ceux qui vivaient sous sa coupe le jugeaient tyrannique, et votre propre père avait pris le maquis, avec une poignée de camarades, pour réclamer sa chute. C'était au temps où commençait la révolution dans l'île voisine de Cuba, avec des personnages promis à la célébrité comme Che Guevara ou les frères Castro. Mais la rébellion de votre père était infiniment moins violente. Il est même arrivé que votre mère aille dans le maquis lui apporter des habits propres. Parce qu'il tenait à préserver son élégance. Dans *L'Énigme du retour,* vous le décrivez, à partir d'une photo de cette époque : le col de chemise bien amidonné, les boutons en nacre, les chaussures bien cirées, la cravate mollement nouée. « Un révolutionnaire est d'abord un séducteur », commentez-vous.

Il s'appelait Windsor Klébert Laferrière, et c'est très exactement ainsi qu'on vous a baptisé. Il n'avait que vingt-quatre ans lorsque vous êtes né, mais il avait déjà beaucoup fait parler de lui. Un jeune homme en colère, audacieux, ambitieux, combatif, il était devenu un symbole de la résistance au régime militaire. Lequel commençait, d'ailleurs, à donner des signes d'essoufflement. La population réclamait des élections libres, et le général-président, ne pouvant plus faire face au mécontentement, n'eut d'autre choix que de démissionner.

Suivirent quelques mois tumultueux, au cours desquels on vit se succéder plusieurs chefs d'État intérimaires, plusieurs coalitions gouvernementales, avec des tractations, des bras de fer, des rumeurs d'attentats... On préparait fébrilement les futures élections présidentielles, et pas moins de trente-quatre partis politiques étaient dans la mêlée. Votre père avait lui-même fondé le sien, ce qui lui avait permis d'appartenir, pendant quelques semaines, à l'un des gouvernements provisoires. Mais il était trop jeune encore pour jouer les premiers rôles. Il y avait dans l'arène des lutteurs bien plus considérables. Notamment un médecin qui avait bonne réputation et qui semblait le mieux indiqué pour restaurer la confiance. Il se présentait comme un protecteur des pauvres, quasiment comme un père ; ses partisans le surnommaient Papa Doc. Avant qu'elles ne deviennent un nom de code pour l'horreur, ces trois syllabes se voulaient affectueuses et rassurantes. Chacun connaît la suite de cette lamentable histoire, je ne m'y attarderai pas ; il me faut cependant évoquer la manière dont elle a pesé sur votre vie et sur celles des vôtres.

Le docteur François Duvalier fut donc élu triomphalement à la tête du pays en septembre 1957 et, au commencement de son règne, il voulait se montrer rassembleur. Il associa au pouvoir de jeunes activistes qui s'étaient illustrés dans la lutte contre le régime déchu. Votre père se retrouva maire de la capitale, Port-au-Prince. Mais il ne resta que quelques mois à son poste ; toujours aussi bouillonnant et téméraire, il se mit à contester en public les orientations du nouveau président. En ce temps-là, Duvalier ne tenait pas encore assez solidement les rênes pour se permettre de faire assassiner ceux qui lui tenaient tête. Il se contenta d'éloigner le frondeur en le nommant consul à Gênes.

C'était en 1958, vous aviez cinq ans, trop jeune, évidemment, pour comprendre que votre famille venait d'être démantelée pour toujours. Votre père n'allait plus jamais remettre les pieds chez lui. Il allait dériver, sans but, sans attaches. En théorie, il était à présent diplomate, mais ce statut ne correspondait à rien : il ne se reconnaissait pas dans le gouvernement de son pays, dont il n'allait bientôt plus recevoir aucune rémunération. Et le plus frustrant, pour un homme tel que lui, avec le tempérament fougueux qui était le sien, c'est qu'il ne pouvait même pas s'opposer ouvertement au régime, puisque Duvalier retenait sa famille en otage – sa femme, sa fille et vous, son fils ; vous n'étiez pas emprisonnés, mais vous étiez tous entre ses griffes.

C'est d'abord pour vous que vos proches s'inquiétaient. « Oublie ton mari, conseilla à votre mère l'une de ses sœurs, c'est ton fils que tu dois protéger, c'est lui qui est dans la tanière de la bête. » Leur hantise, c'était qu'un milicien zélé, un tonton macoute, veuille un jour s'en prendre à vous, qui portiez les mêmes nom et prénoms que l'opposant banni.

La solution que trouva votre mère, ce fut de vous envoyer vivre chez ses propres parents, à Petit-Goâve, une ville de province, l'une des plus anciennes de l'île, située au sud-ouest de la capitale. Un jour, elle vous amena à la gare routière pour vous confier à un camionneur qui avait fréquenté la même école qu'elle, Gros Simon. Cela l'ennuierait-il de vous conduire chez vos grands-parents ? « Aucun dérangement, Marie ! lui dit le chauffeur. J'ai des sacs de farine à livrer au marchand syrien, dans la même rue. » Il vous fit asseoir sur la banquette, près de lui. Votre premier voyage. Votre premier exil.

Vous resterez six ans loin de votre mère. Pour elle, un supplice, un déchirement ; pour vous, malgré les circonstances tragiques, un moment béni, et comme une seconde naissance. D'ailleurs, on vous donnera tout de suite un nouveau prénom, moins dangereux à porter. Votre père avait souhaité que vous soyez identiques ; la vie en avait décidé autrement. Désormais, il sera, pour la postérité,

Windsor K., une figure emblématique de la résistance au régime militaire. Tandis que vous serez Dany. Parce que l'une de vos jeunes tantes venait de perdre un enfant en bas âge qu'elle avait baptisé ainsi. Et votre grand-mère, que vous appelez Da, vous fera bien vite comprendre que vous seriez à la merci de toute personne qui connaîtrait votre vrai nom.

Ces années passées à Petit-Goâve, vous les racontez dans *L'Odeur du café,* mais leurs échos sont présents dans chacun de vos livres. Et vous en parlez toujours avec enchantement. Même quand il s'agit de la mort d'un proche. « Son dîner l'attendait sous le couvre-plat rose, dans la salle à manger. Quelques mouches volaient autour des plats, par principe. [...] Il avait l'air plus fatigué que d'ordinaire. Il a à peine touché à son repas [...]. On l'a retrouvé, le lendemain, dans son lit, tout raide [...]. Da a dit que nos ongles continuent de pousser même après notre mort. Je suis resté longtemps à regarder ceux de mon grand-père. »

Tout, en ce temps-là, prenait pour vous des couleurs poétiques, tout était transfiguré par un émerveillement d'enfant. Votre pays subissait l'une des pires tyrannies de son histoire ; votre famille se trouvait écartelée ; votre père était devenu un fugitif et un proscrit ; et vous-même deviez vous cacher pour survivre. Mais, pour quelques années encore, la précieuse insouciance était là, qui embellissait tout. Si vous aviez dû quitter votre mère, vous aviez Da et ses quatre autres filles, qui étaient chacune pour vous une mère de plus, qui voulaient chacune vous habiller de sa couleur fétiche. Et vous aviez, pour terrain de jeu, la ville tout entière – les rues, les terrasses, les collines, la plage.

Chaque nuit, vous posiez la tête sur les genoux de Da, qui vous racontait des histoires de zombies, de loups-garous et de diablesses, jusqu'à ce que vous soyez endormi. Et au matin, vous restiez dans la petite galerie, toujours collé à votre grand-mère. Elle offrait du café aux passants qui s'arrêtaient chez elle. Vous écoutiez leurs conversations en contemplant sans lassitude tout ce qui défilait – les chevaux et les chiens ; les lézards verts, les mouches, les fourmis et les araignées bleues ; les notaires, les camionneurs et les marchandes de poules ; les vivants et les morts. « Da aime veiller tard, écrivez-vous. Une fois, elle a vu Gédéon, suivi de son chien blanc, qui se dirigeait du côté de la rivière. Et cela, un mois après la mort de Gédéon […]. C'était bien Gédéon puisque son chien le suivait. »

Dans cet îlot d'envoûtement et de tendresse au cœur d'un pays sinistré se sont formés votre regard, votre imaginaire, votre attention aux choses et une certaine sagesse épicurienne, qui a cours dans votre pays natal – comme dans le mien : s'il fallait attendre, pour avoir du bonheur, que les tragédies finissent, on mourrait sans avoir vécu.

Vous n'étiez pas pressé de quitter l'univers paisible de l'enfance. Et une partie de vous ne l'a jamais quitté. Vous ne cessez de faire l'éloge de la lenteur, des après-midi sans fin, des mangues mûres qui tombent de l'arbre dans vos mains. Le dernier en date de vos livres a pour titre : *L'Art presque perdu de ne rien faire*. Cependant, si j'ai bien compté, cet ouvrage est le vingt-troisième que vous publiez. Curieuse manière de ne rien faire ! À vrai dire, cette nonchalance, c'est votre forme d'élégance, comme les boutons en nacre de votre père dans le maquis.

Mais le délectable exil à Petit-Goâve devait se terminer un jour. Vous aviez onze ans quand votre mère vous ramena à Port-au-Prince. C'est là que se trouvent les meilleures écoles, et dans votre famille, comme dans tant d'autres familles haïtiennes, on ne badine pas avec l'enseignement. Le savoir, c'est le chemin de la dignité. Vous avez donc recommencé à vivre dans la capitale.

Et qu'en était-il des dangers qui vous avaient contraint à partir, six ans plus tôt ? Ils semblaient nettement moins pressants. Papa Doc était encore là, toujours aussi pervers. Mais votre père était oublié. Il dérivait, dans le vaste monde ; même parmi ses proches, plus personne ne savait sur quelle rive il avait pu s'échouer. Au commencement de son exil, il avait l'habitude de converser tous les dimanches soir avec sa femme. Il téléphonait chez des voisins, qui venaient la chercher. Vos parents se parlaient longuement, de toutes sortes de choses. Il est vrai que votre mère retournait chez elle en larmes ; du moins avait-elle le sentiment d'avoir encore un mari. Puis les autorités s'en étaient mêlées. Elles lui avaient fait comprendre que si elle maintenait le contact avec le fugitif, toute sa famille en paierait le prix. La mort dans l'âme, elle avait dû renoncer à ces conversations avec son homme. Elle n'allait plus jamais entendre le son de sa voix.

C'est donc à Port-au-Prince que vous passez votre adolescence et que vous entrez dans l'âge adulte. Vous aviez peu vécu jusque-là dans votre ville natale, vous la connaissiez mal, vous aviez tout à découvrir – d'autres plages, d'autres nuits, d'autres lectures, d'autres créatures –, et dans un environnement qui n'était plus celui de l'innocence. Il vous fallait naviguer désormais avec précaution, avec ruse. Et acquérir d'autres habiletés.

Vous veniez d'avoir dix-huit ans, en avril 1971, quand Papa Doc est mort. Dans le pays, comme à l'étranger, on se demanda alors si son régime de terreur n'allait pas disparaître avec lui. D'autant qu'il avait désigné comme successeur son fils, Jean-Claude, âgé de dix-neuf ans, un gros enfant ébahi que la presse américaine s'empressa de surnommer Baby Doc. Peu de gens prévoyaient qu'il pourrait rester au pouvoir une quinzaine d'années – plus longtemps que son père ! C'est qu'on sous-estimait les dégâts causés par la dictature, le désert politique qui s'était fait, et la férocité des tristement célèbres tontons macoutes.

Le jeune Duvalier n'était pas un personnage démoniaque. Et l'atmosphère du pays devint, sous son règne, moins irrespirable qu'avant. Mais il n'osa pas démanteler l'appareil répressif dont il avait hérité. Par certains côtés, le régime du fils pouvait même se montrer plus dangereux que celui du père. Du temps de Papa Doc, les gens savaient qu'ils devaient se taire, et s'ils tenaient à la vie, ils se taisaient. Avec son successeur, ils avaient l'illusion qu'ils pouvaient s'exprimer sans risque. Dans l'ensemble, c'était vrai, mais quelquefois les conséquences se révélaient tragiques. Comme vous alliez en faire l'expérience vous-même.

C'était en 1976. Vous aviez commencé à travailler dans un hebdomadaire culturel, au sein d'une équipe jeune, talentueuse et enthousiaste. *Le Petit Samedi Soir* se voulait apolitique, s'occupant surtout de théâtre, de littérature, de musique, de peinture ; et plutôt qu'un journalisme d'opinion, il pratiquait un journalisme d'investigation.

Votre équipe était justement en train d'enquêter sur les agissements de certains personnages associés au régime – une sombre affaire de ciment, et quelques autres trafics – quand l'un de vos collègues est soudain retrouvé sur une plage, non loin de Port-au-Prince, la tête fracassée. Il semble qu'il ait été enlevé, malmené, puis assassiné. Vous étiez proches, vous travailliez chaque jour ensemble, vous aviez le même âge, vingt-trois ans. Ce fut lui, la victime, cela aurait pu être vous. Après une nuit démentielle où vous parcourez la ville à la recherche d'une explication ou d'un coupable, et où vous êtes à deux doigts de vous faire assassiner à votre tour, vous prenez l'avion en catastrophe pour Montréal.

« À mon ami Gasner Raymond dont la mort a changé ma vie », écrivez-vous en exergue au *Cri des oiseaux fous*, où vous relatez heure par heure les événements de cette fatidique journée du 1er juin 1976.

Vous voilà donc contraint à l'exil, dix-huit ans après votre père, et un peu plus jeune qu'il ne l'était lors de son départ. De lui, vous n'aviez plus que des souvenirs vagues. N'étaient-ce les photos que vous montrait parfois votre mère, vous n'auriez même pas pu vous rappeler ses traits. Qu'était-il advenu de lui ? Vous commencez à poser des questions à droite, à gauche, afin de reconstituer son parcours. Après l'Italie, il aurait passé du temps en Argentine, avant de partir pour les États-Unis. Aux dernières nouvelles, il serait à New York, dans le quartier de Brooklyn.

Vous réussissez à obtenir l'adresse de l'appartement où il vit. Et vous décidez de vous y rendre. Avec émotion, avec appréhension. Vous sonnez. Vous attendez un peu. Il n'ouvre pas. Pourtant il y a, derrière la porte, le bruit d'une lourde respiration. Vous sonnez encore, vous frappez, puis vous l'appelez, en disant que vous êtes son fils. Un silence. Peut-être, chez lui, une hésitation. Mais il finit par hurler, de l'intérieur, qu'il n'a jamais eu ni pays, ni femme, ni enfant. Vous repartez sans l'avoir vu.

Vous aurez eu, Monsieur, votre lot de rendez-vous manqués. Celui que je viens d'évoquer, et que vous-même relatez dans plus d'un de vos livres, n'est évidemment pas le moins perturbant. Dans *J'écris comme je vis,* vous refusez d'interpréter le comportement de votre père comme un reniement, préférant insister sur le fait qu'il n'avait plus tous ses esprits. Il avait commencé sa vie de manière fulgurante – membre du gouvernement et maire de la capitale avant l'âge de trente ans ! Puis il s'était retrouvé en exil, à la dérive. L'égarement, la chute, la déchéance. Il avait perdu la tête, dites-vous. Il avait également perdu la face, et l'estime de soi. Vous étiez probablement la personne au monde à laquelle il voulait le moins montrer le naufrage de son existence.

Plus tard vous recevrez à Montréal un curieux appel, cette voix féminine qui demande :

« Vous êtes bien Windsor Klébert Laferrière ?

— Oui, répondez-vous, c'est moi.

— Windsor Klébert Laferrière est mort », vous annonce-t-elle.

C'était une infirmière de l'hôpital où votre père venait de s'éteindre. Le plus étrange, c'est qu'elle avait trouvé votre numéro de téléphone dans un carnet qu'il portait sur lui. Il avait donc vos coordonnées, et il ne s'était jamais décidé à vous appeler.

Vous vous rendez aussitôt à New York pour assister à ses funérailles. Et c'est seulement à l'église que vous le revoyez enfin. Étendu dans son cercueil comme dans une pirogue, dites-vous. Vêtu d'un beau costume mortuaire. Élégant, pour la dernière fois. Vous contemplez longuement son visage et ses mains. On vous a toujours dit que vous aviez les mêmes.

Vous êtes ému, et troublé. Les mêmes mains, en effet ; le même visage, que la mort avait rendu serein ; le même nom sur vos papiers d'identité. Et à présent, pour vous aussi, le chemin de l'exil. Mais ce parallèle est trompeur. Votre exil et le sien ne se ressemblent pas. Pour lui, ce fut une malédiction ;

pour vous, une bénédiction déguisée. Je ne devrais peut-être pas le dire ainsi ; c'est pourtant la vérité : l'exil vous va bien. Celui de Petit-Goâve comme celui de Montréal. L'un allait vous doter d'une enfance heureuse, et fondatrice. L'autre allait vous conduire vers ce beau moment que vous vivez aujourd'hui, et que tant de vos proches, tant de vos compatriotes – Haïtiens, Québécois, Canadiens – vivent à travers vous.

La première destination d'exil, votre mère l'avait choisie, et elle avait eu raison ; Montréal, c'est vous qui l'avez choisie, et vous avez eu raison, vous aussi. Parce qu'il y a, entre votre pays natal et votre pays adoptif, par-delà les différences de fortune, de dimension ou de latitude, une parcelle d'âme commune qui a pour nom la langue française, préservée chez les uns par fidélité aux ancêtres émigrés du Vieux Continent, et préservée chez les autres dans le sein chaleureux de la langue créole.

L'exil, quand on parle la langue du pays d'accueil, ce n'est plus tout à fait l'exil ; quand on partage avec ses nouveaux concitoyens des lectures communes, des références communes, des valeurs et des chuchotements à l'oreille, ce n'est plus l'exil. Et si l'on a le bonheur d'appartenir à la cohorte de Borges, la vénérable cohorte de ceux dont la patrie première est la littérature, alors l'exil devient un accomplissement et une rédemption. C'est votre cas, Monsieur.

Bien sûr, vous avez connu les épreuves que connaissent tous les migrants. L'usine, les trains de l'aube, les chambres insalubres, et ces regards qui vous scrutent, qui vous dépouillent, qui vous classent. Mais vous avez pris ces désagréments pour ce qu'ils étaient : des rites de passage. Vous n'aviez aucune envie de vous installer dans l'amertume ni dans la récrimination. Vous n'êtes pas allé vers le nord pour gémir ni pour quémander, mais pour découvrir, pour bâtir, pour aimer, pour conquérir.

Cette posture de victime, que l'esprit de notre époque nous pousse à endosser, vous n'en avez pas voulu. Vous étiez censé décrire vos souffrances d'enfant ; vous avez décrit les mangues juteuses et l'odeur du café. Vous étiez censé parler de la misère de votre île natale, et de la malédiction qui la frappe ; vous avez parlé de sa luxuriance, de son audace et de sa fierté. À ceux qui vous demandaient pourquoi vous ne consacriez pas vos livres à la dénonciation de la dictature, vous avez répondu : les tyrans s'efforcent de coloniser notre existence entière ; notre premier devoir est de les écarter de notre champ de vision, pour nous consacrer à notre œuvre.

Vous n'êtes pas dans le militantisme, mais dans la séduction. Quand on lit sous votre plume des mots tels que « lutte », « combat », « attaque », « stratégie », « conquête », ce sont toujours des métaphores sensuelles. Vous en jouez, d'ailleurs. L'un de vos romans s'intitule *Cette grenade dans la main du jeune nègre est-elle une arme ou un fruit ?*. S'agissant de vous, nous savons avec certitude que c'est un fruit, et nous en sommes ravis.

Cela dit, la séduction n'est pas forcément dénuée d'intention politique. N'avez-vous pas observé, à propos de votre père, qu'un révolutionnaire était d'abord un séducteur ? La formule pourrait décrire également son fils. Rien n'est plus révolutionnaire, en ce siècle, que de refuser le rôle qui vous est assigné par votre naissance, par vos appartenances, par vos croyances supposées. Quand on vous a demandé un jour, avec quelque insistance, si vous vous définissiez plutôt comme un écrivain haïtien, ou caribéen, ou québécois, ou francophone, vous avez répondu avec un rire salutaire : « Je suis un écrivain japonais ! » Une boutade dont vous avez fait le titre d'un roman. Vous avez bien raison ! Le monde serait triste si chacun s'enfermait dans son rôle, si chacun regagnait docilement les rangs de sa propre tribu, adoptant ses postures, se conformant à ses apparences, s'indignant seulement de ses indignations.

N'est-ce pas là, d'ailleurs, le paradoxe calamiteux de notre siècle ? La planète serait devenue, dit-on, un même village mondial ; pourtant, les esprits ne cessent de se cloisonner, chaque jour un peu plus. Nous avons au bout des doigts tout le savoir des hommes, comme nous ne l'avions jamais eu, comme nous n'avions jamais rêvé de l'avoir ; et au même moment, nous sommes pris dans une spirale de régression morale dont nous ne savons plus comment sortir.

Aujourd'hui, dans cette Compagnie qui est désormais la vôtre, c'est cela, avant tout, qui nous préoccupe et nous fait réfléchir. Comment persuader nos contemporains, et notamment nos compatriotes, qu'ils ont toute leur place au sein de la civilisation mondiale qui se construit, sans qu'ils aient à sacrifier leur langue, leur culture, leur trajectoire propre ni leur dignité ? Comment leur éviter de se sentir dépossédés, envahis, exclus ou marginalisés ? N'est-il pas angoissant de se dire que nos enfants pourraient vivre demain dans un monde plus hostile – plus périlleux, plus cynique, plus barbare, plus inhumain – que celui où nous avons vécu ?

À toutes les époques, il y a des rendez-vous avec l'histoire – des tâches à accomplir, des combats à mener, des tournants à prendre, ou à éviter. Il est légitime pour nous de méditer sur ceux des temps passés ; d'évoquer les attentes, les désillusions, les remords ; de dispenser des blâmes et des hommages. Mais c'est notre rendez-vous avec l'histoire que nous devons constamment garder à l'esprit. Il est plus crucial encore que tous ceux qui l'ont précédé. Et cette fois, c'est à nous, Monsieur, c'est à notre génération de faire en sorte que le rendez-vous ne soit pas manqué.

TABLE DES MATIÈRES

Un coup de foudre   9

Discours de l'épée   13

Discours de réception à l'Académie française   33

Réponse au discours de réception
de M. Dany Laferrière   61

Ce livre a été imprimé sur du papier composé à
50 % de fibres recyclées postconsommation
et à 50 % de fibres certifiées FSC, certifié ÉcoLogo
et fabriqué dans une usine fonctionnant au biogaz.

MISE EN PAGES ET TYPOGRAPHIE :
CHRISTIAN CAMPANA

CE QUATRIÈME TIRAGE A ÉTÉ ACHEVÉ D'IMPRIMER EN OCTOBRE 2015
SUR LES PRESSES DE L'IMPRIMERIE GAUVIN
À GATINEAU (QUÉBEC).